体育文化研究丛书

杨　珍◎主编

美国体育文化

王　雪／著

天津社会科学院出版社

图书在版编目（CIP）数据

美国体育文化 / 王雪著. -- 天津 : 天津社会科学
院出版社, 2023.12（2024.7 重印）
（体育文化研究丛书 / 杨珍主编）
ISBN 978-7-5563-0942-9

Ⅰ. ①美… Ⅱ. ①王… Ⅲ. ①体育文化－研究－美国
Ⅳ. ①G817.12

中国国家版本馆 CIP 数据核字(2023)第 239318 号

美国体育文化
MEIGUO TIYU WENHUA
选题策划：韩　鹏
责任编辑：杜敬红
责任校对：王　丽
装帧设计：高馨月
出版发行：天津社会科学院出版社
地　　址：天津市南开区迎水道 7 号
邮　　编：300191
电　　话：(022) 23360165
印　　刷：北京建宏印刷有限公司
开　　本：787×1092　1/16
印　　张：13.25
字　　数：200 千字
版　　次：2023 年 12 月第 1 版　2024 年 7 月第 2 次印刷
定　　价：88.00 元

前　言

　　十年磨一剑,蓄而劲发。作为高等体育院校的外语教师,转眼间我已在工作岗位度过了二十年的光阴。在多年的教学工作中,我始终秉承教书育人的初心,深入探索外语语言的用途及功能,研究外语教学规律,尝试新教学理念和新方法,同时对语言所蕴含的文化背景及文化底蕴进行潜心挖掘与整理,这些都为我后期对文化进行深入钻研奠定了坚实的基础。二十多年高等体育院校的教学背景、研究经历、与相关体育专业的交叉融合及学校浓郁的学术氛围使我萌生了用文字记录文化的想法,尤其是想记录体育文化的发展与演化历程。特别是经过努力,我有幸成为课程与教学论(体育文化交流方向)硕士研究生导师,在为研究生指导授课中,我对国别文化和其折射出的文化意蕴有了更为深刻的认知。

　　美国作为一个有着两百余年历史的国家,被大众戏称为"Melting-Pot"(大熔炉),意指其文化多元共存。美国体育文化,作为其民族文化的重要组成部分,在美国社会生活中扮演着重要的角色。美国体育文化的发展与其整体的文化背景密不可分,体育文化是在社会文化环境中逐渐形成的。众所周知,美国是一个由众多移民和多民族组成的国家,美国人与生俱来就喜欢奔跑和运动。走在美国的城市、乡村和田野,随处可见不同年龄段的人进行着各种形式的锻炼与休闲活动。加之美国幅员辽阔,国民进行体育运动具备了较好的场所和条件。

　　美国体育运动、体育文化之所以如此发达,除了因为历史渊源和传统文化外,还因为它的博采众长、为我所用的精神。美国是一个善于吸纳世界各地精华为我所用的国家,包括人才、技术等,体育亦是如此。美国通过吸引高水平的体育教练和运动员来带动和推进本国体育运动的发展,进而快速提高体育竞技水平。典型案例就是美国足球的快速发展。美国通过引进高水平的教练员和运动员,使美国的足球竞技水平在很短时间内就走在了世界前列。另外,美国以先进的科学技术和雄厚的经济实力为支撑,将高科技手段应用于体育科研、体育训练中,从而快速培养了一大批优秀的运动员。同时,美国凭借雄厚的经济实力,引进了大批体育人才,为体育运动和体育文化的发展注入了新鲜的血液和驱动力,助推美国体育运动的健康发展。最后,美国较高的体育竞技水平进一步促进了体育运动的发展。通过各类优秀运动员在世界高水平赛场上取得的成绩及其获得的丰厚报酬,吸引了更多的年轻人投身体育运动,进一步促进了美国体育运动的发展。

与其他国家或地区相比,美国的体育运动有很大的不同。首先,美国人喜欢一些在美国非常流行的体育项目。例如,足球在美国是一个比较冷门的运动项目,但随着越来越多的青少年从事这项世界上最受欢迎的运动,足球也被认为是美国最具发展潜力的运动项目。在美国,体育运动是最受欢迎的业余消遣,因此,对于美国人而言,具有特别的意义。许多美国人不是主动参加体育活动,就是作为观众观看体育赛事。其中,徒步旅行、散步、划船、打猎和钓鱼等项目最受美国人的欢迎。体育比赛中所体现出来的竞技之美,如团体精神、公正、纪律和耐久性,也深受美国人的青睐。

本书通过对美国社会发展和美国体育文化的深入解读,以及对美国几大运动项目,如篮球、棒球、橄榄球、冰球等项目资料的采集、分析和对比,结合当今发展趋势,逐步厘清整理出社会发展、文化传播、体育运动和体育精神的关系。

全书共分为六个章节。第一章"美国体育及文化综述",从全局视角对美国社会的发展和文化映射做了整体性概述。第二章"美国体育发展阶段",从美国各个时期、各个阶段的体育运动、体育项目入手,对其发展进行梳理与分析,归纳出美国各个时期体育发展的特点。第三章"美国主要体育运动及其文化映射",从盛行于美国的几大代表性运动项目入手,深入探究各运动项目的发展特点及其背后蕴含的文化特质。第四章"美国学校体育文化",从校园体育发展的视角,特别是高等院校体育发展的路径分析学校体育和体育文化在美国社会所起的作用。第五章"美国体育文化传播媒介",从历史发展的不同阶段对促进体育和文化传播的手段及方式进行剖析,从传统的纸媒,到声像融合的电影,再到当今高速传播的网络媒体,这些不同的传媒媒介和传播手段对文化的传播起到了举足轻重的作用。第六章"美国体育中的文化透视",从美国的价值观、宗教观、道德观、审美观来解读美国体育精神的内涵与文化特质,对整本书的思想进行归纳和总结。

通过各个章节的展开、梳理和逐层递进,本书将为读者从历史、社会和人文等多维度、多视角展现多元并存的美国文化,同时带领读者在其广博的体育世界中感受体育文化的魅力。

西方体育对于中国体育的发展具有宝贵的借鉴意义,去其糟粕,取其精华,我们要不断发展完善中国体育,在进取中不断提升,使中国尽快发展为体育强国、体育大国,在国际舞台上展现更强的中国声音。这也是本书撰写的初衷。同时希望读者能从本书获得些许启发,为中国体育文化的发展贡献力量。

目　录

第一章　美国体育及文化综述

第一节　美国文化

文化通过其无形的、细微的积累作用,形成了人们的思维定式和行为惯性,而文化越深厚、历史越悠久,人们的思维和行为模式就越稳定、越牢固。在政治学、社会学、历史学的研究中,"文化"有两层含义:广义上,文化即"人文化"或"文明",可以理解为"自然"的对立面,表现为人与自然的互动中产生的生存方式,包括人类在社会历史发展中所创造的物质财富和精神财富的总和。狭义上,文化被理解为精神现象或精神产品,是人们在改造自然过程中所积淀形成的对自然与社会的精神反映,即所谓精神文明。在狭义的概念里,文化指一个社会自然产生的政治经济制度和结构,每一种文化随着与其相适应的社会形态发展,因而社会物质生产发展的连续性也决定文化发展的继承性。[①] 在政治学和社会学研究中,都将文化视为一种群体性的观念,一方面,文化表现为群体对于社会和世界的系统性看法和见解,包括对政治、宗教、道德、哲学等方面的具体见解;另一方面,文化是对系统中的自我角色、系统中的各个部分和系统整体的态度和心理。

尽管美国只有两百多年的历史,但其在国家形成、民族构成、宗教信仰、传统文化等方面均有别于其他国家,在"自由主义"等民族特性和"天赋使

---

① 燕继荣.政治学十五讲[M].北京:北京大学出版社,2013:236.

命"等宗教精神的作用下,形成了独特的美国文化,并且随着国力的越发强盛而深刻影响着世界上的其他国家。美国政治学家,曾任宾夕法尼亚州莱康明大学政治科学系主任的迈克尔·G. 罗斯金(Michael G. Roskin)在其经典政治学教材《政治科学》中指出:"祖先确立的基本价值可能延续很多个世纪,政治文化就是关于政治的'集体记忆'。"①在他看来,一个民族的文化由历史、经济、宗教、民族等因素决定,体现为一种根深蒂固的观念,因而几近恒久,或变化得非常缓慢,其潜在的基本性质甚至会世代传承。

美国是一个多元民族构成的国家,在民族融合和国家形成的过程中逐渐固化了思想信念,这些信念是美国人之所以为美国人的重要特质,并通过观念性的指导作用影响着美国政治、经济、社会和文化的方方面面。很显然,美国拥有多元文化,多元的民族构成和深刻的新教精神是美国文化的初始基础和思想渊源,经过融合与发展长久地影响和支配着美国社会。美国文化形成于地理大发现和移民浪潮时期,开放性移民社会的特殊环境是美国多元文化的基础,盎格鲁-撒克逊(Anglo-Saxon)②的民族传统是美国主体文化的核心,加之世界各地的移民带来了其他的民族文化,在经历了独立战争和南北战争的凝结和融合后,最终形成了美利坚民族整体的民族意识和特有的民族特性。

自由主义、个人主义和实用主义等典型的共同价值和政治理念是美国国家认同的基础和国家政治经济发展的观念性指导力量。在宗教精神上,最早到达北美的欧洲清教徒把基督教带到了美洲新大陆,清教主义便成为北美殖民地民众共同的文化基础,更成为美国立国的精神基础和日后政治、经济、社会生活的主导力量。新教对美国也有一定的影响,体现在经济、政治、道德文化等方方面面。在经济上,马克斯·韦伯③认为,新教伦理孕育了资本主义,为资本主义社会的发展提供了精神动力;在政治上,宗教精神与美国民主政

---

① 迈克尔·G. 罗斯金,等. 政治科学[M]. 林震,等译. 北京:中国人民大学出版社,2014:115.
② 盎格鲁-撒克逊:通常用来形容公元5世纪初到1066年诺曼人征服之间,生活于大不列颠东部和南部地区,在语言、种族上相近的民族。
③ 马克斯·韦伯:现代社会学奠基人,"组织理论之父"。

治紧密相连,这赋予了美国独特的民主特色;在道德上,基督教伦理决定了美国的社会伦理。正如亨廷顿①所言,美国的民族特性和新教精神成了"美国信念"的首要来源,而"美国信念"的政治原则又补充了盎格鲁-新教文化,对于何谓美国人起着重要的界定作用。②

第二节　美国体育

"在整个世界范围内,作为体育学学科基础的体育史研究有着较为久远的历史。"③欧洲尤以英、法、德三国较早关注体育史,随着研究的不断丰富与演化,逐渐产生观念上的碰撞,正因为存在争论与分歧,才会形成种类研究方式的日渐成熟和不同的学派。20 世纪前后,曾为英属殖民地的美国在继承英国既有传统的基础上,结合本国实情并辅以自由的学术环境,最终走出了一条属于自身的体育演化的道路。

1973 年 5 月在美国俄亥俄州立大学首次召开北美体育史学会议,讨论了北美体育史学今后的研究和发展方向,并且成立了北美体育史学研究的第一个学术组织——北美体育史学会(North American Society for Sport History, NASSH)。1974 年该组织出版了自有学术杂志——《体育史杂志》④(Journal of Sport History)。这次会议中,历史学的多种观点和研究方法在体育史的研究中得到了呈现,并引发了史学界对体育史的关注,这为北美体育史研究者提供了一个完整、宏观的了解和讨论北美体育史的契机,也为有志于从事体育史研究的学者提供了一个交流的平台。

在成立之初的几年中,北美体育史学会的主要研究成果是体育英雄人物

---

①　美国著名政治学家,以"文明冲突论"闻名于世的萨缪尔·亨廷顿教授。

②　塞缪尔·亨廷顿. 美国国家特性面临的挑战[M]. 程克雄,译. 北京:新华出版社, 2005:54.

③　崔乐泉. 中国体育史研究的历史与现状[J]. 体育文化导刊,2002(1):39-40.

④　Mark Dyreson. Sport History and the History of Sport in North American[J]. Journal of Sport History,2007(3):405-414.

传记及相当数量的与棒球有关的研究。这种形式单一、内容局限的情况到20世纪80年代开始得到改善。在原有的研究基础上出现了新的分支,把体育研究的视角延伸到了更广的领域。20世纪80年代之前,北美体育史学会的研究主要集中于美国史学界,在80年代初则进一步将关注视角转向体育史,但受原有史学背景的影响,其研究多以体育为核心并结合美国大历史展开,有一定的宏观史学风格。随后北美体育史学会将研究重心由纯粹的历史学转向体育史,涉及体育运动与美国社会发展的关系等方面,包含城市变迁及社会发展等诸多因素。进入20世纪90年代,开始出现针对美国体育史的断代研究。[①]

研究领域的扩展、关注人群的增加,使得体育研究在美国一度掀起热潮。但此发展过程中也出现了一些问题,美国体育学界对这些问题进行了尝试性解决,为美国体育的进一步发展提供了机会。

从整体看,那时美国体育专业尚未完全形成,全美大学院校还未广泛地开设体育专业,体育学科专业研究人群短缺,因此研究人群中主要还是传统的历史学家。其次,美国体育研究未形成一个长期、固定的机构,国内没有一个足够权威的供体育学学者进行讨论和学术交流的空间。这在一定程度上造成美国体育学研究过于分散,导致美国体育学研究难以形成较高的学术成果。20世纪60年代,美国开始出现社会混乱,人们开始注重男女平等,女性谋求体育运动中应有的地位等因素不同程度上促使学术界开始关注体育运动中的女性,体育成为社会和学术界共同关注的对象,体育学的范畴也从简单的体育事件转向社会领域。

随后教育界为寻求教育发展的稳定,促成体育发展趋于学科导向,催生出"体育生理学、体育社会学、体育史等二级学科"[②],推动了美国体育教育的发展。加之1973年北美体育史学会(NASSH)的成立为美国体育史研究提供了体育学科人才和研究交流的平台,日益受到美国社会关注的体育学开始在

---

① 丁飞. 美国体育史学史研究[D]. 华东师范大学,2018.

② 王志强,胡曦. 从Physical Education到Kinesiology:美国体育学科的变革与重塑[J]. 体育成人教育学刊,2013(5):1-6.

历史舞台上展现了勃勃生机。

第三节 美国历史及美国体育文化

黑格尔认为每个社会都属于结构上相互关联的一个整体,通过单一"时刻"的意识而组织起来。[①] 这个整体的每个子部分都不能理解为一个孤立的现象,因此我们对于美国体育精神要从整体上进行把握。在一定程度上,历史是一个连续不断的整体并具有一定的特点,我们对于历史的分期或多或少具有选择性。若没有具体历史分期的情况下去研究某个历史对象,会导致理解得不准确或无法理解。对不同的历史阶段进行划分,把特定的历史研究对象按照一定时间排序划分为一个个子阶段,是更为深入研究史学的一种方法。这种研究方法在于找寻各历史阶段间的内在不同,发现整体的特征及其规律。而体育并不是单一存在的,它是整个社会的重要构成单位。体育受宏观政治和经济发展的影响,社会意识形态反映着体育的发展方向与水平。因此我们不能就体育文化而谈体育文化,应该将其与社会历史背景紧密相联。

在文献资料的收集和整理过程中我们发现,对于美国体育文化和体育精神历史发展过程的研究资料较少,仅有一小部分是对美国某一历史时段或某一方面进行研究,而其他更多的是站在宏观角度上对美国历史进行分期,由此我们可借鉴一些对于美国历史研究的思路去探究美国文化。美国著名社会学家阿尔文·托夫勒(Alvin Toffler,1928—2016)将人类社会划分为三个阶段:农业社会阶段、工业社会阶段(始于 17 世纪末)和后工业社会阶段(或称信息化阶段,从 20 世纪 50 年代开始)并认为每一种社会阶段向后一种社

---

① 黑格尔. 精神哲学——哲学全书第三部分[M]. 杨祖陶,译. 北京:人民出版社,2006:19.

会阶段的转化过程是一种新的文明浪潮。[①] 查尔斯所著的《美国文明的兴起》[②]一书中将美国历史发展进程中文明的演进过程诠释"从农业时代向工业时代的递升",并将美国农业时代与工业时代作为时间轴,用经济二元论阐释美国历史与文明的主线。由美国加州大学洛杉矶分校历史系荣誉教授加利·纳什等人编著的《美国人民:创建一个国家和一种社会》一书则从六个层次对美国各阶段进行划分:殖民时期、革命时代、扩张时代、工业时代、现代化进程和活力恢复的时代。通过分析我们不难发现,对于美国历史分期的研究,不同学者有不同的划分标准。这些划分依据的差别与研究主体的内容有一定关联,每个社会阶段都有其独特的意识形态和价值体系,任何一个特定的社会都是许多不同社会形态的结合。因此人们需要利用多种概念和不同观点对各自社会中固有的结构和价值内涵加以诠释。

据记载,农业社会时期的美国人大都生活在分散的乡村,通过种植、收获农作物和狩猎野生动物过着自给自足的定居生活,他们的生活习俗及信仰也因此代代相传。而美国人与棒球的历史渊源就是在传统的农业社会时期产生的,农业社会时期产生的棒球运动最大限度地反映了这个时期美国的社会规则及风俗习惯。美国棒球是与美国历史一起成长的,在这种情况下,棒球文化影响着一代又一代的美国人,平等的精神也鼓励着每一个美国人不断追求着自己的理想,棒球也因此成为美国种族融合和人民平等参与事务的符号体现。

美国工业革命和内战对经济的影响,使美国逐渐由一个农业国转为工业国,其社会性质也逐渐从农业社会转为工业社会。据史料记载,美式橄榄球最初由英式橄榄球演变而来,最早该项目产生并流行于英属海外领地,随后被欧洲早期移民带到美洲。后来这种可以用四肢传球、踢球且运动员有激烈的身体碰撞的运动演化为"拉格比足球"(Rugby Football)。原始的橄榄球比赛无比混乱,一场比赛经常会上演三百多名运动员在赛场上"围追堵截"的

① 阿尔文·托勒夫.第三次浪潮[M].朱志炎,译.北京:生活·读书·新知三联书店,1983:3~7.

② 《美国文明的兴起》是阐述美国文明起源和发展最好的著作之一,分为上、下两册。上册为农业时代,分析介绍了从美洲殖民地时期至1860年内战爆发前夕的农业情况;下册为工业时代,叙述了内战以后工业革命致使美国社会发生的巨变。

厮杀场面,而这项运动进入北美新大陆后便出现了革新。1876 年,来自普利斯顿、哥伦比亚、哈佛大学的球队聚集在马萨诸塞州的思普林飞尔德,对美式橄榄球统一了规则,进一步规范了橄榄球的打法,从而形成了标新立异的"美式橄榄球"(American Football)。

19 世纪 60 年代到 70 年代美国处于工业社会时期,社会秩序不稳定使得暴力事件频发,政府无法对暴力事件进行有效遏制。而此时允许使用击打、阻挡等暴力行为的美式橄榄球恰与混乱不堪且暴力频发的社会秩序不谋而合,因此美式橄榄球在 19 世纪与 20 世纪的美国工业社会占据着一席之地,也逐渐成为工业化的标志产物。美国工业社会中人们的行为方式及价值取向与美式橄榄球运动的比赛规则及竞争精神十分契合,这也正是美式橄榄球能演变成为美国工业社会主流运动项目和体育精神符号的重要原因。

"后工业社会"的概念最初由美国学者丹尼尔·贝尔(Daniel Bell)提出,他认为"后工业社会"强调理论知识的中心地位,是组织新技术、经济增长和社会阶层的一条中轴。[①] 它与工业社会和资本主义类似,是一种概念类的显现,并界定出走向后工业社会各个阶段所面临的问题。

美国后工业社会时期文化领域的发展主要体现在人们对精神价值及知识理论结构的追求,对于处在工业繁荣并迈向后工业时代的美国来讲,工业社会中资本主义初级阶段里宗教传递的禁欲思想逐渐朝单一方向发展,并且宗教力量的逐渐弱化及经济产物不断刺激着人们对物欲的追求,使人们对于精神价值的追求上升到一个高度,人们开始主动对新事物进行探索,追求高质量的生活品质成为后工业社会中大众的普遍诉求。美国后工业社会中的经济、政治、文化是一个不能分离的整体,相互作用并共同影响着美国后工业社会的形成,篮球正是在美国后工业社会这片土壤中孕育而生,并逐步成为美国后工业社会的符号体现。

篮球在美国体育运动中具有非凡的意义,被视为美国体育精神重要的符号表现,原因要追溯到篮球的起源。篮球起源于美国马撒诸塞州的普林菲尔德市,正式作为一项体育运动被大众接纳则归功于詹姆斯·乃史密斯(James

---

① 丹尼尔·贝尔.后工业社会的来临[M].高铦,译.江西:江西人民出版社,2018:107.

Naismith）。詹姆斯·乃史密斯曾提到，"篮球的创造并非是偶然的，而是为了满足需求"①。篮球起源于美国工业社会时期，那时工业、宗教以及文化快速发展，社会发展迅速引发了社会转型，也使快速发展的篮球运动成为美国后工业社会时期的表现符号。但鉴于美国篮球起源时期的特殊历史背景、自由随意的场地等诸多特点，这一时期的篮球仅仅是一种游戏消遣。除此以外，篮球与后工业社会还有一个显著的共同特征——性别上的对应。美国农业社会和工业社会中，主要依靠男性从事野外和工厂中绝大多数的体力劳动；而在知识与信息时代的后工业社会中，女性则与男性在脑力劳动中享有平等的工作权利与机会，性别上的日趋平等也标志着后工业社会的成熟与发展。反观性别在体育运动上的差别，在棒球和美式橄榄球的赛场上几乎难见女性的身影。但篮球运动问世以来，女性不断按照不同的规则进行着篮球运动，到 20 世纪 70 年代，女子篮球采纳了男子篮球的规则，进而使女子篮球的流行程度显著提高，在美国后工业社会中广泛传播开来。

以知识和信息技术为主体的美国后工业社会为篮球的发展提供了广阔的生存空间，尤其体现在篮球文化层面的传播影响力上。从大学校园到大众社区再到职业联赛，美国后工业社会为篮球的发展提供了坚实的基础和条件，而美国篮球的发展也加快了美国后工业社会时期体育强国的形成。其折射出的与后工业社会相适应的体育精神主要体现在个人主义之上的团队合作、身份认同的平等精神和信息化所迸发出的与时俱进的思想。

根据美国历史的发展阶段及其社会性质的转变，美国体育文化从三个不同的历史时期演化而来——农业社会、工业社会和后工业社会，并以棒球、美式橄榄球和篮球作为不同历史时期的体育精神的表现符号。其中，美国棒球中显现了自由与竞争、拼搏的精神，个人主义与团队精神并行存在，种族融合与平等精神逐渐崭露头角；美国橄榄球显现出了去殖民化心态，而创新精神、竞争精神激发了对抗性与暴力性以及人本精神与个人主义并存；美国篮球则体现了团队合作精神和追求平等的精神。

---

① James Naismith. Basketball：Its Origin and Development［M］. New York：Association Press，1941：1.

第二章　美国体育发展阶段

体育运动在美国社会及其民众生活中占据至关重要的地位,体育运动不仅是上层建筑的重要载体,也是美国民众日常生活不可或缺的组成部分。它不仅塑造了国家的意志品质,也影响了国家的意识形态和民众的价值取向。事实上体育是美国文化的一面镜子,它折射出民族特性和国家文化,在它的映衬下,美国文化的内涵体现得淋漓尽致。如果我们想深入了解美国的民族特征和美国文化,就从美国体育发展各阶段及特点进行探究。美国体育发展大体分为以下四个阶段。

第一节　清教徒时代

一、清教徒时代的形成

16世纪美国早期殖民时期,英格兰清教徒的迁移,使得社会文化等各领域带有极强的宗教色彩。

16世纪加尔文领导的西欧宗教改革运动①使得整个欧洲传统教会不断分化,新教派不断涌现,传统意义上基督教大一统不复存在。17世纪,英国

---

① 宗教改革始于欧洲16世纪基督教自上而下的宗教改革运动,通常指1517年马丁·路德提出《九十五条论纲》,到1648年《威斯特伐利亚和约》的出台为止的欧洲宗教改革运动。

大思想家霍布斯①站在王权的立场上提出反对"教权至上论",而后英国哲学家洛克②也提出"宗教自由与宽容"的理论,这些都对后来的欧洲启蒙运动产生了巨大的影响。由于这场清教徒的宗教改革运动并不彻底,没有能够形成规模,且随着英国国教地位的不断巩固并与王权的结合,清教徒成为王室打击和迫害的对象。17世纪,大批英国清教徒不得不逃往国外寻找"基督教真正的新世界"。而美国便是大批清教徒的逃亡圣地,正是在这个历史背景下,美国宗教信仰的根基和美利坚民族最主要的意识形态基督教开始形成。

英格兰清教徒向来清心寡欲,大众普遍认为清教徒对生活的热情不高,兴趣不浓。历史学家约翰·艾伦·克罗特(John·Allen·Krout)曾这样评论:"悲伤的人们在单调乏味的日常工作中,以冷静的方式相处,不受娱乐的影响。"

二、清教徒时代的体育发展

在美洲的许多殖民地,这种对娱乐、消遣及游戏的敌意随处可见,甚至是以官方的禁令和严厉的惩罚来体现。17世纪初弗吉尼亚地方议会宣布禁止投色子或玩儿牌游戏,严格控制饮酒。任何人,一旦发现为闲散人员,无所事事,便被迫义务劳动。到了17世纪中叶马萨诸塞颁布了一项法令,禁止玩耍推盘游戏,该法令扩大到禁止在公共娱乐场所玩耍滚木球等游戏。1693年,在东康涅狄格,一名男子因在安息日玩球而被罚。在美洲殖民文化中,法令或明令禁止限制周日的活动是常见的。

事实上,清教徒并不反对娱乐。他们和其他人一样喜欢运动,诸如赛跑、摔跤等身体挑战运动,或者那些磨炼意志、锻炼技能的项目,如射箭、骑射等。但清教徒无法容忍懒惰和对神的不敬。很多早期清教徒在星期天不允许有任何娱乐活动和体育运动,即使散步也是禁止的。在《旧约全书》开篇写道:

---

① 托马斯·霍布斯(Thomas Hobbes,1588年4月5日至1679年12月4日)英国政治家、哲学家。

② 约翰·洛克(1632年8月29日至1704年10月28日),英国哲学家和医生,被广泛认为是最有影响力的启蒙思想家,俗称"自由主义"之父。

"在最初的六天中,上帝创造了天、地、光、水、生命、人类等。在第七天,上帝停止了他创造的工作,安息了,于是上帝赐福给第七日,称为圣日。"第七天是上帝——主的安息日,也称作礼拜天,教徒认为礼拜天只属于神,他们不该做任何与敬拜无关的事。清教徒对宗教的虔诚、对神的敬仰可见一斑,他们早期的体育运动和体育文化都渗透着这一元素。

随着时代的发展变迁,在随后的几个世纪里,美国社会方方面面经历了巨大的发展变化,甚至美国人对运动的方式、态度都发生着改变。工业化、城市化进程的加速,大众媒体影响力的增强,推动着体育的快速发展。美国体育的发展随后追随着以下几个阶段的发展:民间运动时代、运动员时代和观众时代。这使我们对美国体育史的演化有了大致的了解,对进一步了解美国体育和体育文化起到一定的辅助作用。

第二节　民间运动时代

一、民间运动时代的形成

民间运动时代大致始于 17 世纪初。16 世纪刚到美国的殖民者继承了英国贵族的娱乐消遣习俗。英国上层社会的消遣活动源自中世纪的宫廷文化①。很多体育活动体现了优雅与勇敢、教养和财富的结合,这也是英国绅士们的标志。起初,绅士们喜欢各种形式的狩猎,用猎犬和老鹰来搜捕猎物。到了 17 世纪,赛马运动开始发展起来,很快成为英国上层阶级的一项主要体育活动。然而,英国上层阶级的运动内容对美国殖民者产生的影响微乎其微,直到 18 世纪,才有少数移民者积攒出充裕的财富来模仿英国贵族的娱乐生活。

殖民地早期②,美国的村庄和农场是这些来到美国的殖民者娱乐的重要

---

① "宫廷"在这里大体上是指上流社会及其文化氛围,并不只指皇宫和王宫。

② 早期的殖民扩张的时间段是在 16 世纪至欧洲工业革命以前。

场所。大多数殖民者来自英国的乡村，多是中产阶层，他们通常会在丰收的季节结束时举行感恩活动，感恩一年的风调雨顺。丰盛的美食、欢快的舞蹈和源于民间的游戏运动是庆祝活动的主要内容。

除了收获季，美国村庄和农场其他节日到来时，如圣诞节、复活节等，也会举行各种各样的民间运动项目，其中一些庆祝活动已经带有竞技运动①的影子。村民们乐于参与技巧性、娱乐性和团队比赛较强的运动。这些运动的规则源于不成文的习俗，不同教区之间可能有很大的不同。所有的比赛在喧闹、热情，甚至是身体的猛烈动作中进行，民众更喜欢带有力量和冲撞的运动，他们喜欢野蛮的力量竞赛，特别是摔跤、搏击等运动。

足球是村民们最喜欢的集体比赛，乡村足球通常是由不确定数量的球员参与的临时活动，村民们安排了两个村庄居民之间的即兴比赛。根据当地的风俗习惯，游戏强调踢、跑或扔，也没有现今如此严格的比赛规则，只要将球突破先前自行定义的球门线即可。一旦任何一方球队完成了这项壮举，比赛就宣告结束。足球多方面且较为生动地体现出美国的早期运动项目已初具现代体育的影子。

二、民间运动时代的发展

随着英国移民定居北美后，一些游戏运动引发了某些宗教意识较强的信徒的反对，娱乐活动，尤其是乡村风俗成为宗教和政治冲突的主要来源。例如新英格兰地区的清教徒对村庄中盛行的古老习俗表现出强烈的反感，新英格兰人试图以立法要求民众严格遵守安息日，废除传统的圣日，限制或消除旧村庄的娱乐活动等。在中南部殖民地，甚至颁布了严格的安息日法②，禁止一切粗野和粗暴的体育运动，并坚持应对那些参加消遣活动的人处以重罚。

---

① 竞技运动，即"比赛性的体育活动"，也称竞技体育，英文对应词是 Sport。尽管国外在广义的理解上对 Sport 界定不尽相同，但是在狭义上相当一致，即"竞争性的身体活动""体育竞技活动"。

② 旧约律法安息日是星期六，从礼拜五太阳落山到礼拜六太阳落山。

顶着重重阻碍,旧乡村节日庆祝的原始模样还是保留了下来,他们发展为新形式的社区庆祝活动,如足球、台球、滑雪等。但此类活动的举办地多是自家场所而非公共场所。南方绅士受英国上层阶级生活习惯影响较深,他们能适当适度地安排休闲活动。南部殖民地在保留旧式消遣运动方式上较为成功,独立休闲、带有娱乐的运动项目在新兴殖民绅士中兴盛起来。南方种植园主奢侈享乐,他们还喜欢赛马、斗鸡和狩猎等运动项目。普遍讲,美国殖民地只是英帝国的一个前哨,殖民地居民的消遣运动方式多是英国大陆原有老项目与本土新项目的相互融合、相互作用。

19世纪上半叶,随着繁荣的维多利亚时代①的到来,新文化时代开始出现。"无产阶级"和"放荡贵族"构成了19世纪维多利亚时代新兴亚文化的核心主流。除占据维多利亚文化的主导地位,亚文化的主体想保留前工业时代的生活模式。伴随逐步城市化的进程,维多利亚的拥趸者试图努力寻找故有民间运动的替代品,尽可能保持民间活动的原始风貌,而这些运动正是基于人们的日常工作和生活习俗。捕鱼和狩猎对于生存至关重要,射击等运动比赛一直颇受欢迎。其他类型的运动比赛项目还有投掷、跑步、跳跃和摔跤,射击也盛行一时。这些非正式的、非团体的甚至带有些许暴力的民间运动一直持续到20世纪。

19世纪50年代,大中城市的中上阶层开始自发组织许多运动类俱乐部和协会,如划船、划艇、壁球、板球和棒球等。由于维多利亚时代宽松的社会氛围,加之诸多其他社会因素,如商业的繁荣,工业革命所产生的物质需求的繁盛,城市化进程中许多市民的被迫迁徙和流动,在多重因素的叠加下,许多体育联盟会②在美国悄然兴起。从事体育运动的主体大多数是普通的工人阶层,大部分工人阶层和无产阶层有充足的空余时间从事体育运动。同不断

---

① 维多利亚时代(Victorian era),前接乔治王时代,后启爱德华时代,维多利亚时代后期是英国工业革命和大英帝国的峰端。维多利亚时代与爱德华时代一同被认为是大英帝国的黄金时代。它的时限常被定义为1837年至1901年,即维多利亚女王(Alexandrina Victoria)的统治时期。

② 美国没有综合所有职业体育项目的最高的国家性体育团体,每个体育项目组织自己的联赛联盟。

增长的中产阶级相比,普通的工人阶层很难有特定的经济基础来构建稳定的体育圈,从事某些运动项目。

总的说来,殖民时期的美国,其娱乐活动和体育项目名目繁多,种类丰富。如台球、赛马、竞走、划船及后来的棒球等项目都具备了现代运动的雏形。19世纪50年代左右,体育迅猛发展的先决条件已具备,人均财富、交通运输和通信等方面都发生了翻天覆地的变化,这些都促成了体育的蓬勃发展。尤其是机械生产的应用和扩大,保证了人们拥有更多的休闲娱乐时间。大城市的欣欣向荣、社会的频繁流动、群体意识的增强,都为体育的快速发展提供了先决的必要条件。

第三节　运动员时代

工业革命的发展使美国人摆脱了等级森严的阶级制度①,不再囿于地域限制和传统制度,美国人开始了全新的生活方式。为了增强种族、民族特征,美国人开始自发性地组建社会组织、社会团体。当时的美国人对于生活中很多新奇事物表现出极大的兴趣,渴望找到志趣相投的人,于是这种自发性社会组织、社会团体便发展起来。

19世纪50年代末,城市化进程的加速、技术的创新、人均收入的提高及新社会文化环境的形成,众多因素相互作用,并以各种复杂的方式相结合,引发了美国体育革命及美国体育新时代的到来——运动员时代。

一、各类体育俱乐部

运动员时代的到来伴随着美国体育俱乐部的迅速发展。早在19世纪30年代,自发性社会组织、社会团体便成为美国社会的一个显著特征。虽然许多组织或俱乐部都是临时性的,为达到一个特殊的目的,如社交娱乐等,但这

---

① 在阶级矛盾、不平等现象之下,暗藏着种姓制度这一"看不见的骨架",这便是美国国民深感焦虑、充满戾气的根源所在。

种目的已显现出群体意识的增强,很多人将自我与社区紧密联系起来,这就是俱乐部的雏形。俱乐部多根据美国人的选择偏好进行分类,志同道合的人在这种自发性社会组织中找到了归属感,在这种环境中他们可以与新团体中的其他个体进行联合或博弈,从而增强团体意识和凝聚感,体育俱乐部就是从这种思路衍生而来。

(一)城市俱乐部

19 世纪美国日新月异的社会文化环境激发了人们对体育俱乐部等自发性社会团体的需求,特别是 19 世纪中叶英国体育事业的蓬勃发展对美国精英阶层产生了至关重要的影响,长期以来美国贵族阶层倾向模仿英国上层阶级。从 19 世纪 50 年代开始,许多上流社会的英国人参与了有组织的体育运动,并形成了数百个俱乐部,涉足的运动项目有板球、足球、草地网球、田径、划船、自行车、游艇、高尔夫等。几乎每个项目,英国都领先于美国近十年,无论是体育运动组织形式还是体育赛制的制定等。

美国的城市精英层急于效仿英国,很快这种有组织的体育活动在美国风靡开来。在 19 世纪美国各大城市中,纽约一直是美国运动的领导者。例如,纽约游艇俱乐部是纽约第一个自发的体育团体。很快,其他俱乐部参照此模式发展起来。到了 19 世纪 70 年代,巴尔的摩、芝加哥、底特律和圣路易斯等大城市相继建立了体育俱乐部。除了承办个人运动项目,许多俱乐部还赞助筹办橄榄球和篮球等团体项目。19 世纪的八九十年代是体育俱乐部的鼎盛时期。

在运动设施便利齐全方面,中小城市俱乐部的优势小于大城市俱乐部。而中小城市俱乐部的成员往往是当地社区最富有的居民,他们经常赞助各种比赛,但中小城市俱乐部的运动水平很少能与大城市俱乐部相抗衡。

（二）乡村俱乐部①

大城市的俱乐部到了 20 世纪得到了迅猛的发展,后来都为乡村俱乐部的蓬勃发展提供了范本。早期乡村俱乐部的活动项目集中在狩猎、钓鱼、骑马等运动,这些活动都是早期英格兰庄园主喜欢并常玩的项目。

美国第一家乡村俱乐部成立于 1882 年,乡村俱乐部的建立在当时还是较罕见的。俱乐部的参加者感到非常自豪,因为他们属于一个专属俱乐部,这个组织能鲜明地体现他们的群体特性,而与其他俱乐部有一定的区别和界限。成员之间互相竞技,相互娱乐。甚至俱乐部成员之间相互通婚,以便他们的孩子都可以继承此项运动并加以传承。美国的乡村俱乐部已成为身份标识的重要组成部分。在 20 世纪中期,乡村俱乐部已成为某些寻求小城市和郊区等身份标志群体的天堂。大多数乡村俱乐部成员是由具有较高地位的老牌美国人主持的。

早期高尔夫运动发展速度缓慢,没有为早期乡村俱乐部的盛行提供原始的推动力,但它是所有体育运动中最具加速力的项目,促进了俱乐部的迅猛发展。19 世纪 90 年代早期,高尔夫运动吸引了纽约、波士顿、费城和芝加哥等大城市的上层富豪、商业大亨的关注。会所和俱乐部课程为有志在全国各地组建高尔夫俱乐部的男士才俊提供了模板和典范。到了 20 世纪 20 年代,高尔夫群体不断扩大,开始吸引那些次级富豪,即层级低一、二个层级的商业主管和职场精英的关注。精英高尔夫球员将他们的业务带到了比赛中,带到了赛场上,以致高尔夫球场经常成为高端商业会议室的代名词,很多未达成的协议或交易都可以轻松的在高尔夫球场、高尔夫俱乐部完成。这种环境氛围下,高尔夫俱乐部不仅是美国人欢聚的场所,也成为身份标识的圈层。

---

① 在美国,乡村俱乐部会员在某种程度上意味着一种生活地位。乡村俱乐部并不意味着地处农村。乡村俱乐部是一种向会员提供各种休闲运动设施私人的俱乐部,通常这种俱乐部必备的设施是网球和高尔夫球,有些也提供如马球等其他运动设施。乡村俱乐部通常都为客人和会员提供餐饮服务并时常举办聚餐活动如婚礼等。

二、主要体育活动

（一）大学体育活动

由于社会精英们对体育产生了极大的兴趣，他们的孩子也受到了极大的影响，到 19 世纪后期，校际竞争越来越受欢迎。在 19 世纪中期之前，校际比赛主要涉及划船、田径和棒球。哈佛大学和耶鲁大学等美国名校经常举行一系列的比赛，包括各种运动、娱乐项目，经常以现金作为奖励。通常情况下，美国从各知名大学挑选出学生运动员来与牛津、剑桥等英国大学的学生进行竞技比赛。

田径运动作为一项校际运动很快发展起来，到了 1876 年，在一些赞助商的资助下，在一些大学的推动下，美国业余田径校际协会①组成了，该协会负责监督管理各项业余田径比赛的正常运营。到了 19 世纪 80 年代，纽约体育俱乐部的年度比赛会向所有社会业余爱好者开放，后来发展成为美国大学生田径比赛②。随着州立大学的兴起，大学田径运动项目迅速蔓延到全国。

划船运动也是受群众欢迎的项目，19 世纪 70 年代，几所北方大学的学生团体在帆船比赛中共同合作，结成了很深的运动联盟和运动利益。胜利的意义对学生来说远超过学习带来的快乐。高校学生俱乐部全力以赴争取胜利，学校聘请专业教练为各大型帆船比赛做准备。帆船赛已成为加强校友间联系的重要方式。直到 19 世纪 80 年代中期橄榄球才取代划船，成为高校学生和社会精英最喜欢的校际运动。

19 世纪的最后 30 年，橄榄球在东北一些大学的青年学生中开展。短短几年间，橄榄球组织就从简单非正式的小团体转变为正式、大型的社会团体，涉及成员也包罗万象，包括学生团体、学校管理层、校友群和成千上万的观众群。到 19 世纪 70 年代，学校橄榄球俱乐部盛行开来。到 19 世纪 90 年代，

---

① 美国田径协会（USATF）是专门负责举办美国田径、长跑和竞走比赛的国家管理机构，并确定每年 100 英里耐力跑比赛的地点。

② The first American college track and field competition.

曾有多达4万名观众在感恩节观看了纽约市举办的橄榄球年度冠军赛,报纸头版头条报道了此项运动,该项运动的收入也高达上万美元。

显然,橄榄球为整个校园注入了新鲜的活力和强烈的归属感,随着橄榄球在耶鲁等高校的出现,学生的骚乱、斗殴和酗酒都在大幅度下降。学生在学习之余,更愿意通过运动享受到拼搏的喜悦和运动的快乐。橄榄球不仅培养了学生间的情谊,也加深了他们的友谊,这种默契形成了整个社团的契合精神。

学生们可能因社会背景、个人价值观的差异或缺失的共同理念而产生分歧,但橄榄球会将学生的身心、情感紧紧凝聚在一起,弱化他们的阶级差别,让学生们在运动休闲中将新型的民主关系融合到体育项目中。简言之,橄榄球体现了美国早期的体育文化和体育人文精神。

(二)移民者的体育活动

除了社会精英及其子女在运动员时代对体育投入极高的热情,大城市的新移民、黑人和无业游民同样组成了自发的独立体育组织。这些联盟组织促进了种族、黑人社区的形成,使得很多传统的体育模式得以延续。随着城市化的加剧,一些爱尔兰裔的美国人从体育项目经营中盈利。少数黑人运动员在专业领域,特别是从事搏击或棒球运动的运动员,有很大的提升机会,提高了他们的社会地位和经济地位。

在此时期,来自欧洲的大规模移民潮[①]对美国体育性格的塑造起到了重要作用。从19世纪40年代到19世纪80年代,大多数移民都来自欧洲西北部:爱尔兰天主教徒、德国新教徒和天主教徒,以及来自英格兰和斯堪的纳维亚国家的新教徒等。到1914年,移民及其后代占美国五个主要大城市人口的70%以上。种族和宗教信仰在美国城市的社会结构中起到了关键作用。1865年后,越来越多被内战解除法律束缚的非裔美国人成为社会结构变革的主力军。

---

① 1815—1914年,据估计总共有6000万人离开欧洲,其中3400万人移民美国,400万人移居加拿大,100万人去了澳大利亚和新西兰,700万人移民阿根廷,500万人移居巴西。

非裔美洲人发现自己通常处于城市社会阶梯底端。经济条件有限,他们参与到精英项目的机会较少,但他们试图通过体育娱乐找寻生活的惬意与享受,通过体育运动改变城市生活中的沉闷与乏味,试图通过体育锻炼感受生活的乐趣。与社会精英一样,他们建立了各种体育俱乐部,如板球、棒球俱乐部,田径、足球俱乐部等。

在所有外来民族俱乐部里,苏格兰移民组建的俱乐部,即喀里多尼亚俱乐部(Caledonia)功不可没。喀里多尼亚是古罗马人对大不列颠岛①北部的称呼,后来就自然而然地变成了苏格兰的别名,苏格兰移民大大推动了19世纪美国体育的快速发展。起初苏格兰裔美国人经常在美国乡村社区举办一年一度的田径比赛。到了19世纪50年代,这些俱乐部已经成为美国重要的体育场所和组织。19世纪最繁盛时,遍布美国有近一百个喀里多尼亚俱乐部。只要苏格兰人定居一地,他们通常会在当地建立一个喀里多尼亚俱乐部,这已经成为他们的传统。

喀里多尼亚俱乐部对美国许多城市苏格兰社区的形成起到了关键作用。喀里多尼亚俱乐部的体育活动异常活跃,开展了各种各样的运动项目,以致其他民族和种族对每年一度的喀里多尼亚运动会表现出极大的热情和参与度。至19世纪80年代,许多历史悠久的老牌美国俱乐部突飞猛进,逐渐接替了喀里多尼亚俱乐部②,成为新的美国体育事业的推动者。随后,喀里多尼亚俱乐部开始衰落,但其仍然是苏格兰社区的核心支撑。

美国内战前,南方种植园内经常会看见黑人奴隶们的拳击比赛,或黑人奴隶扮作船员进行划船比赛。在时间和资金充沛的情况下,北方城市中的自由黑人在体育方面也很活跃,至19世纪50年代,很多黑人俱乐部周日会举行比赛,吸引无数的观众到场。观众来自社会的各个层面,不分种族,不分阶层,热闹非凡。

19世纪报纸和杂志很少报道非洲裔美国人的体育活动。1865年以前,

---

① 大不列颠岛(Great Britain Island)是一个位于欧洲西方外海的岛屿,主要分为三部分:英格兰、苏格兰、威尔士。

② 喀里多尼亚足球俱乐部是特立尼达和多巴哥的一个俱乐部,联赛级别是特立尼达和多巴哥足球联赛。

由于奴隶制,黑人参与运动比赛的机会很少。奴隶制严重削弱了黑人参与运动的机会。美国内战前,种植园主常会推广拳击比赛,并让奴隶扮作船员进行划船比赛。内战结束后,随着资金充足和社会稳定,城市中的黑人享有自由的同时,在体育方面与白人同样活跃。19 世纪 50 年代,很多黑人俱乐部周日会进行比赛,吸引上千的观众来观看,观众来自社会的各个阶层,他们不分种族,不分阶层。

内战后,黑人参加体育活动的热情更加高涨,更加活跃,更加引人注目。黑人在运动中展示出的天分使得他们日后成为美国体育的主力军。与此同时,黑人艰难地探索进入职业联赛和职业体育。对他们来说,这是一项极其艰巨的任务,因为当时美国对有色人种的歧视普遍存在。

第四节　观众时代

20 世纪 20 年代,在工业技术的影响下美国已成为消费者的天堂。汽车在众多消费品中最受欢迎,它使数百万美国人摆脱家园、社区的束缚,从有限的空间中解放出来。电力的普及改变了日常家庭的生活,越来越多的美国人摒弃了原有的储蓄模式,养成了积极合理的消费习惯。

"观众时代"社会秩序的建立依赖新旧事物的交替更迭。维多利亚时代所宣扬的"个人束缚"正在削弱,建构在社区、种族和宗教上的群体利益正在加强。消费的提升和产业的发展都促进了社会的稳定。广播、电影和电视的快速发展使得观众获悉消息的速度大大加快。

"观众时代"势不可当。技术的突破,尤其是媒体技术的突破和随之而来的社会价值观的变化,改变了美国体育的特质和内涵。最为明显的是体育走向普通大众,为大众所接受。在 20 世纪 20 年代,体育观众、体育粉丝部分折射出美国体育文化的特质。借助媒体这一载体,运动员和体育项目相结合并呈现给观众一种趋势、一种必然。由于观众群体的不断壮大,体育发展更加专业化、层级化,体育朝着科学、系统的训练方法、训练手段迈进。

一、观众时代的特征

特征一：塑造体育英雄人物

从 20 世纪 20 年代,每个运动项目都有其代表人物:棒球项目的代表人物是贝比·鲁斯①(Gorge Herman Ruth),高尔夫的代表任人物是罗伯特-琼斯②(Robert Jones),网球的代表人物比尔·蒂尔登③(William Tilden),这些体育明星已然成为当时家喻户晓的人物,这样的人物不胜枚举。

为什么观众时代会有体育偶像? 因为运动明星、运动偶像带给观众的不仅是力与美的展示,还有骄人的运动成绩,这些成绩是普通人无法企及的。尤其在体育英雄的背后,有专业人士为明星运动员做宣传,他们的工作就是包装明星,并将明星"售卖"给公众。

随后,记者和电台的连番报道塑造了运动员的偶像形象,这些形象往往超出了运动员的实际价值。体育偶像、体育明星替观众实现了普通人无法实现的成功梦、明星梦,帮他们重燃维多利亚精神,替他们弥补个人能力欠缺的缺憾。随着社会日益复杂化、系统化,对于制度规则外建立的名利需求也在日益增长,英雄人物不再局限于商业精英或政治家,而扩大到电影、电视和体育界的"明星"。因此名利和急功近利思想在体育圈迅猛发展起来。与其他职业不同,体育界某些运动员可凭借自身的能力,加之对运动项目的热爱,走向事业的顶峰,甚至有的运动员没有经过异常艰苦的训练,仅凭卓越的天赋就获得了名声和财富。这些对于当时整日站在装配线上忙碌不停的工人或坐在办公桌前重复单调工作的职员就是流光溢彩的美国梦,那些无所不能且力量与形象兼备的运动精英无疑成为他们崇拜的偶象。当时很多男孩的梦想是成为体育明星、体育圈的英雄,而非工业领袖或政治家,女孩则梦想成为好莱坞明星而不是待在灶台旁的家庭主妇,那是一个造星的时代,体育明星

---

① 贝比·鲁斯(George Herman Babe Ruth,Jr.,1895 年 2 月 6 日至 1948 年 8 月 16 日),美国职业棒球运动员。
② 罗伯特-琼斯(Robert Jones,1906—2000 年),美国著名高尔夫球场建筑师。
③ 比尔·蒂尔登(1893—1953 年),美国网球运动员。

是时代和文化的产物。

特证二：观众优势

随着体育事业的发展，体育人的主导地位显现出来，体育组织的创立，体育比赛规则的编写修改，体育赛事的举办都离不开体育人的参与。在各重大运动和比赛中，粉丝和观众的力量很快突显。随着观众时代的到来，是粉丝、观众主导了美国运动的发展走向。例如，许多重要的棒球联盟一直以来都以观众为中心加以运营。19世纪20年代后期，为了吸引更多的球迷，棒球联盟采用了较多的场外宣传来提升其在公众中的品牌形象，并在比赛中增加许多进攻性的动作来吸引观众的关注。

同时，高校橄榄球队也以更加开放的进攻型风格做出回应。所有的体育团队都更加关注公众表现力和公共关系的建立，甚至很多大学还聘请了信息顾问、信息总监来大肆宣传他们的团队。获胜的球队往往吸引更多的球迷，就此获胜成为各个团队的目标，比赛质量也随之加速提升。以观众为核心为体育运动的蓬勃发展提供了广阔的市场，在各种休闲活动中体育运动享有绝对的优势和主动权。

体育运动带来的惊心动魄和始料不及的快感是寻常生活无法企及的，运动比赛结果的戏剧性翻转，运动双方的全力拼杀，赢家和输家的瞬间形成都给观众带来了视觉的冲击体验。此外，体育运动可以强化个人主体意识，同时提升了群体意识的归属群，甚至在国际重大比赛中运动比赛还增强了国家的荣誉和归属感。

由于文娱市场无限的潜力，观众时代的各种运动项目均要以观众、粉丝为主体，围着观众转，以致不仅棒球、足球、篮球这样的团体项目以球迷为导向，就连网球、高尔夫这样的个人项目也要以观众的需求为指引。从这个意义讲，运动员的训练参赛不仅为了自己，也是为了迎合观众的口味。这是观众时代的重要体现。

二、电视的推动力

随着20世纪30年代电视在美国的普及，电视中融入体育是推动体育面向大众最有力的支撑。随着电视的出现,粉丝可以在家随时观看比赛而不必前往体育场或竞技场观看比赛,观看的便捷使得观众日渐成为美国体育项目的仲裁者。电视使数以百万千万从未到现场观看棒球赛、足球赛或奥运会的观众能悠闲自得地待在家里通过电视观看比赛。到了20世纪50年代,报纸、杂志和广播的风起云涌更引发了观众对体育运动的关注和兴趣。

20世纪70年代末,周末在家通过电视机观看橄榄球比赛的人数多达2000万人。20世纪70年代,三大电视网络每周总计播出约15小时的体育节目;到20世纪80年代,电视对体育运动的转播率已增加至每周25小时。到20世纪90年代,电视网络不仅在周末播放体育节目,在平时也播放体育节目,体育节目的收视率逐年攀升。

拥有如此巨大的观众市场,电视行业不断努力扩大其在体育竞赛中的市场份额,比起现场观众,他们更趋向吸引更多的电视观众,电视体育观众群体数量的增加为体育运动的兴盛注入了新鲜的活力。此外,电视行业的发展还促使一些职业体育大亨和大学校董改变某些体育比赛的运动规则,以便更好地满足电视机前体育观众的需求,使比赛更具观赏性,能争取到更多的观众份额。以棒球项目为例,为了吸引更多的电视观众,棒球联盟最终同意将世界系列赛的比赛时间从传统的白天改到晚上,意图通过适当的电视转播吸引到更多的电视观众观看比赛。

无论直接的还是间接的,电视的发展的确为美国体育事业的蓬勃发展注入了强心针。更难得的是,随着电视的普及,电视成为美国体育运动的主要推动者和传播者,观众时代就此达到新的高度。

第三章　美国主要体育运动及其文化映射

　　任何国家的体育运动、体育项目从其产生伊始便展示出与个人、群和社会交往的关系,同时也表达出社会的核心思想和核心理念。

　　在美国,篮球、橄榄球、棒球和冰球等是最能体现美国特色的运动项目,这些项目在一定层面上反映出美国人的道德价值、文化标准、社会层次,也从一定角度映射出国家的基本价值观、社会发展趋势和政治经济文化的发展。几大球类项目为我们提供了广阔的视野,让我们得以探究美国的历史与文化兴替。

第一节　美国篮球的发展及文化映射

一、美国篮球运动的发展

　　1891 年 12 月 21 日,美国马萨诸塞州的斯普林菲尔德基督教青年会训练学校的体育教师发明了一种新游戏,由此篮球项目在美国诞生。随后,篮球运动①如雨后春笋般地在美国大范围发展起来,与此同时篮球文化也深入人心。美国的篮球文化有着丰富的文化底蕴和深厚的思想内涵,与美国文化、社会、经济都有非常密切的联系。同时美国篮球还引导着世界篮球的发展,

──────────

　　①　1891 年 12 月 21 日,由美国马萨诸塞州斯普林菲尔德基督教青年会训练学校体育教师詹姆士·奈史密斯发明。1896 年,篮球运动传入中国。

很多国家篮球的发展都以美国篮球为标杆。

总体上,美国篮球主要经历了篮球的起源、传播、发展和成熟等几个阶段。

(一)发展阶段

1. 起源与传播阶段

篮球项目诞生于 1891 年的美国,马萨诸塞州一所基督教青年会学校的体育老师詹姆斯·奈史密斯发明了该运动。当时由于其他球类项目受场地制约较大,开展起来不方便。学校便委托詹姆斯·奈史密斯进行体育课的改革尝试。詹姆斯·奈史密斯最初把两个篮筐分别钉在栏杆上,篮筐上沿与地面相距 10 英尺,用足球投篮,最后看两队哪队得分多少而决定胜负。后来篮筐逐步演化,最终改为活底铁圈下面挂着网。

在 1904 年的第三届奥林匹克运动会上,篮球首次以表演赛的形式出现。1908 年美国制定了统一的篮球规则,这为篮球风靡世界奠定了基础。1936 年是划时代的一年,男子篮球被奥运会列为正式比赛项目,并由此建立了世界统一的篮球竞赛规则。随后的十几年,比赛规则几经修改,涉及人员的改变、战术的发展、球员技能的提高等诸多方面,这些变化都促进了篮球运动的快速发展和运动员技战水平的提高。特别是 20 世纪 50 年代末期,新的规则的制定对篮球比赛的进攻、防守、速度,对运动员的身体、技术、战术、意志等都提出了更高的要求。

1967 年,美国国家篮球协会(NBA)正式成立,这标志着美国篮球进入高速发展传播阶段。当时,丹佛掘金队①、印第安纳步行者②和圣安东尼奥马刺③等众多明星阵容被吸纳至该联盟。作为篮球运动的发源地,美国代表了当今世界篮球发展的最高水平。进入 20 世纪 80 年代后,篮球运动进入更广阔的发展空间,明星球员的明星效应便是最好的说明。世界上顶尖篮球球员绝大多数来自美国的 NBA(美国篮球协会),而他们中大多是黑人运动员。

黑人在美国篮球运动的发展过程中扮演了较为重要的角色。美国自宣布独立至今不足三百年,但它的发展经历了几次大的人口迁移,特别是两次世界大战中黑人的迁徙直接影响了美国经济。第一次世界大战期间,大量的军用物资促进了美国北部工业的发展,带动了经济的高速运转,逐渐萎缩的南方种植业促使大量黑人向北迁移,以便寻求更好的发展空间,同时黑人向北移也是为了躲避南方较为严重的种族歧视。第二次世界大战后期,美国军事工业迎来前所未有的发展壮大,快速发展的经济急需大量的劳动力,大量的黑人便从美国南部迁移到美国的西部和北部,很多城市出现了黑人聚集地、生活区。大量黑人聚集地为他们提供了自我认同、自我发展的场所和空间。篮球运动正是黑人聚集地最流行的运动项目之一。

从 20 世纪 50 年代开始持续到 60 年代末,美国各地的黑人在马丁·路德·金的倡导下,开展了非暴力民权运动,试图结束种族隔离,恢复黑人选举权等各项权利,黑人自由平等意识逐渐觉醒。他们这种自我价值的肯定促进了黑人自我意识的增强和自我价值的提升,在这种背景下,黑人在篮球运动中崭露头角也变得习以为常。

黑人在美国很长一段时期都处于被剥削、被歧视的境地。黑人明星球员

---

① 丹佛掘金队是一支位于美国科罗拉多州丹佛市的职业篮球队,1967—1976 年赛季参加 ABA 联赛,1976 年起加入美国国家篮球协会(NBA),现为西部联盟西北赛区参赛球队。

② 印第安纳步行者队是一支位于美国印第安纳州印第安纳波利斯的职业篮球队,从属于 NBA 东部联盟的中部赛区。步行者队于 1967 年成立并加入美国篮球协会(ABA),1970、1972、1973 年三次获得 ABA 总冠军。1976 年美国篮球协会与美国男篮职业联赛(NBA)合并后,步行者队成为加入 NBA 的原 ABA 联赛的四支球队之一。

③ 圣安东尼奥马刺队(San Antonio Spurs)是一支位于美国德克萨斯州圣安东尼奥的职业篮球队。其前身达拉斯灌木丛队于 1967 年成立并加入美国篮球协会(ABA),1973 年搬至圣安东尼奥并改名马刺队,1976 年加入 NBA。现从属于 NBA 西部联盟的西南赛区。

地位的提升不仅表明篮球运动在美国的发展兴盛,也表明美国人文素养的提升和兼容并包精神的传承。美国的多元文化、人本位思想和勇于创新冒险精神的底色是美国篮球在美国盛行的文化根基。

2. 发展与成熟阶段

第二次世界大战后,美国政治稳定,经济快速发展,人民生活水平得到了极大提高。这时美国人希望通过更多的娱乐活动排遣战后压抑的心情,使枯燥单调的生活变得丰富多彩。这便给体育文娱等休闲活动提供了商机,一些体育人开始寻求市场。当时大学生联赛盛行一时,一些体育经纪人决定在一些大城市建立专业球队并建立职业联盟。1946 年,艾尔萨林芬和沃尔特布朗[①]两位经纪人联合 11 家体育馆,在纽约市成立了篮球联盟的组织委员会,即全美篮球协会 BAA(Basketball Association of America),也是 NBA(National Basketball Association)的前身。历时 4 个月的筹备,BAA 第一场比赛于 1946 年 11 月在多伦多举行,从此美国的职业篮球项目拉开了序幕。1949 年 BAA 吞并了当时另外一个美国篮球联盟 NBL(National Basketball League),并改名为 NBA。随后美国国家篮球协会 NBA(National Basketball Association)的规模和球队数量不断壮大,发展至今已有近 30 个专业球队[②]。进入 20 世纪 80 年代,美国篮球逐步进入成熟阶段,到 21 世纪,美国篮球进入鼎盛时期。篮球运动已经成为美国最普及、最受欢迎的运动项目,也成为体育教育的重要手段,同时具有很高的观赏价值。

NBA 通过扩大规模、市场化运作,特别是电视转播等途径,大大提升了其在世界范围的影响力,具有难以估测的市场价值。

通过职业联赛,美国篮球取得了骄人的战绩,在奥运会、世锦赛等重大国

---

① 沃尔特·布朗(Walter Brown),美国著名体育人士,1936 年柏林奥运会美国冰球队主教练,1946 年创建波士顿凯尔特人篮球队。布朗担任波士顿凯尔特人队主席一直到 1964 年 9 月 7 日去世。

② NBA 分为东部联盟和西部联盟,每个联盟又被划分为 3 个赛区,各赛区由 5 支球队组成。东部联盟大西洋赛区有费城 76 人队、波士顿凯尔特人队、多伦多猛龙队、纽约尼克斯队、新泽西网队;东南赛区有亚特兰大老鹰队、奥兰多魔术队、华盛顿奇才队、迈阿密热火队、夏洛特山猫队等。

际赛事都表现优异,其激烈的对抗性和较高的观赏性吸引了亿万观众。此外,篮球明星乔丹、科比、奥尼尔的出现也为美国篮球的繁荣锦上添花,他们所代表的美国个人英雄主义得到了各个阶层的认可和推崇。

(二) 美国篮球呈现的特点

1. 多元性

美国篮球经过一个多世纪的发展,形成了一些鲜明的特征和个性化符号。篮球作为体育项目也是文化的体现,其表现形式不单是对抗比赛,更是多元地融入了音乐、娱乐等其他元素。作为一个大熔炉,多个民族在这里融合,多种文化在这里交汇,美国篮球反映了不同民族的个性与特征,反映出美国人追求个性和崇尚自由的特质。在 NBA 的赛场上,球员、观众及所有参与者都有个人情感表达的渠道和表达空间,他们能很好地与篮球运动、篮球文化相交融。

在这一过程中,运动员自身的价值得到了体现,观赏者的情绪得到了宣泄,每位参与者都尽情表达、畅所欲言,他们甚至可以在看台上高声呐喊,为自己心仪的球队助威,表达喜爱之情。这也是篮球文化中所倡导的尊重人格、尊重个体,宣扬集体主义和个人英雄主义的外在表现。

美国是一个多民族国家,地域、肤色、文化各不相同,不同背景环境下的人对篮球项目的理解也不尽相同。篮球文化的多元性也因此产生,广阔的地域、区域上不同背景的球队和不同肤色的球员全面展示了美国文化的多元化。美国篮球文化发展的根基和核心始于美国职业篮球联赛,它承载着体育比赛的特质。而各球队所在地域的文化特征,也是美国篮球文化的重要组成部分。

NBA 中大部分球队将自己的主场设立在人口密集、交通便利、经济繁荣、有深厚文化底蕴的大城市,30 个球队所在城市不同的背景、不同的主场环境、不同的球队风格、球星特质、表现形式都构成了美国篮球文化的多元性,他们展现在世人面前,使美国篮球呈现出非凡的魔力。

2. 时代性

从美国篮球发展史来看,美国篮球发展具有很强的时代性。每个阶段的发展顺应了时代和历史的变迁,顺承了社会的发展和文化的进步。美国篮球的时代变迁佐证了美国篮球作为一种文化的动态效应,其成功的要领在于它能审时度势,能把时代创造出来的财富融入篮球文化中,并不断增强自身的文化内容、提高自身的文化品位,并迎合大众的生活方式和文化习惯。时代变迁中,美国人不仅见证了宏大球场的拔地而起,高水平球队的层出不穷,篮球巨星的频繁更迭,更见证了美国篮球作为一种文化的深入人心,它带着不同时代的烙印,俨然成为具有鲜明时代特征的文化产品,影响着一代又一代的人。

3. 个人主义、自由主义的彰显

美国篮球运动中个人主义和自由主义的彰显尤为突出,个人主义起源于意大利文艺复兴时期,经早期欧洲移民迅速传入美国,并在美国盛行起来。个人主义强调个体的自主选择、自力更生;尊重他人的同时追求个性自由、个性解放。个人主义不仅是社会价值中的意识形态,也是一种道德标准。个人自由主义的较高层次是个人英雄主义,篮球文化中对于个人英雄主义的彰显尤为突出,篮球巨星便是个人英雄主义的极致,篮球巨星通过自我能力的展现,在竞赛中凸显自我价值、实现自我价值,这是美国文化较特殊的内容。

个人主义与自由主义交相辉映,自由主义是美国政治文化的基础,是美国最具代表性的思想。美国篮球运动发展的早期,社会环境中黑人一直处于被压迫、被歧视的位置。很多球队中的黑人球员受到不公正的待遇,但正是他们不服输,在追求个人能力、个性解放的过程中通过拼搏、通过努力在球队中占有一席之地,成为巨星,成为个人英雄主义的代名词,不得不说他们是追求自我、追求自由、彰显个人主义和自由主义的楷模。

二、美国篮球文化及特征

篮球文化是隶属于体育文化的一个分支,体育本身就隶属于社会大文化的范畴,体育竞争处处体现文化的气息和社会的功能. 体育文化是以身体活动为基础,以身体竞争为手段,通过体育运动提高人的精神与生活的文化载体。

篮球无疑是国际化程度最高的一项运动,在美国国内却并不是最受欢迎的项目。在过去的六年中,NBA常规赛最有价值球员五次被外国人夺走,外籍球员的加入无疑为篮球带来了更广泛的关注,而外籍球员的输出正是NBA所代表的美国独特文化的体现。前NBA教练托尼指出,在美国具有多种多样的篮球训练方式,但大家秉承了一个共同的培训理念或育人理念,即通过篮球运动要多多培养有情怀、有责任感的人。美国对篮球的定义为:以讲求投入对方篮筐多少决定胜负,促进人全面发展的"以人带球"的集体性体育项目。[①] 美国篮球运动将美国文化中的崇尚人性自由、竞争的哲学思想在篮球运动中发挥得淋漓尽致。美国篮球运动员十分重视自身个性的发挥,他们把篮球当作自我展现的舞台,将篮球场作为实现自身价值的场所,处处表露出对赢得比赛的好胜心。美国运动员战术上追求精练实效、机动灵活,他们凭借着强大的身体素质以及精湛的比赛技巧,随机应变,配合默契。在技术层面上,创新大于传承,展现着美国文化的标新立异、勇于挑战的特质。

美国是由众多民族组成的移民国家,这些各不相同的民族有着自己的生活方式和不同的信仰,这便形成了美国独特的文化内涵。篮球文化是体育文化中的一部分,是人们在运动中产生并不断在生活中提炼和升华的文化现象。美国篮球文化一开始就被烙上了美国特质,即"个人本位主义"和"创造精神"。

篮球文化作为体育文化的重要组成部分,通过一定的载体呈现其文化特质,篮球文化主要体现在竞技篮球、校园篮球和街头篮球等几个方面。

(一) 美国竞技篮球文化

美国竞技篮球主要指NBA,即"职业篮球联赛",围绕NBA运转的篮球项目及篮球文化也是丰富多彩。从其内部的经营管理到外部的竞技表演,无不体现体育的文化功能。从迎合比赛的商业性要求,参赛的球队和运动员必

---

① 王凡. 美国篮球运动演绎的文化[D]. 江西师范大学,2011.

须是高水平的对抗、即兴的胜负、比赛中的悬念频出到球队精致的包装、绚丽多彩赛场环境及比赛中的撕心扣杀等待,无不体现出艺术的魅力、文化的熏陶,使观众获得充分的愉悦和享受。NBA 的赛场上时刻上演着惊心动魄,比赛结果牵动着现场内外上亿观众的心。

每场篮球赛因美国职业篮球队员精湛的球技及高空扣杀的完美技能而使观众心驰神往,战术上的精简实效、灵活多变,令人叫绝的空中接力、飞身转体扣篮,打法上的机动强攻加随机配合为比赛带来了许多变幻莫测。黑人运动员在美国篮球职业联赛赛场上过人的身体素质及完美的技能得到了诠释。翻开 NBA 的历史,从埃文·约翰逊①、迈克·乔丹到科比·布莱恩特②,黑人球员不胜枚举,他们为美国篮球的发展和繁荣作出了不可磨灭的贡献。NBA 已成为黑人球员展现个人才华的舞台,球员特立独行的个性也在此得以彰显。他们大多数成为人们崇拜的偶像,明星效应是美国篮球文化又一突出的特点。

球迷通过网站给个人喜爱的篮球球员投票,美国篮球联赛提倡球员与大众的紧密接触,大人们经常带着孩子去体育公园看球员们现场打球,与球星零距离接触,参与妙趣横生的游戏活动。通过与球员的互动交流,孩子们能亲身感受到篮球的魅力、球员的魅力。孩子们喜爱篮球的同时,也能融入篮球文化中。

美国篮球联赛成熟完善的商业运作也为篮球文化注入了活力,各个赛季、每场比赛都是精心包装呈现出来,热烈的现场气氛、惊心动魄的比赛现场、比赛间隙的文艺表演,这一切都吸引着世界各地球迷的关注。电视媒体对于 NBA 的传播起着很大的作用,近些年 NBA 的收视率逐年攀升,在世界电视节目排行榜位列前茅。NBA 的品牌文化和品牌效应在世界范围有着极强的影响力,各大广告企业、体育用品公司通过广告宣传和植入投入大量资金参与 NBA 的发展运营,同时滋养了美国篮球更加宽广的发展空间。美国

①　埃尔文·约翰逊(Earvin Johnson),1959 年 8 月 14 日出生于美国密歇根州兰辛,前美国职业篮球运动员、教练员、解说员以及商人,司职控球后卫,绰号"魔术师"(Magic)。

②　科比·布莱恩特(Kobe Bryant,1978 年 8 月 23 日至 2020 年 1 月 26 日),出生于美国宾夕法尼亚州费城,美国已故篮球运动员,司职得分后卫/小前锋。

竞技篮球发展的商业性源于多年来篮球文化的积淀,也正是这种文化积淀滋润了篮球事业的蓬勃发展。

(二) 美国校园篮球文化

美国各阶段学生都是篮球忠实的粉丝,学生们的课余锻炼最多从事的项目便是篮球运动,篮球运动已成为最受美国学生欢迎、最为普及的运动。闲暇时学生们总喜欢在球场上挥洒汗水,放飞身心,张扬个性。他们参加各种篮球培训,苦练技能,参加各种比赛,就是为了离自己心目中的篮球偶像更近一步。他们会准时收看自己喜爱球队的比赛或是亲临 NBA 赛场为自己心仪的偶像加油。

完备的场馆设施和专业的训练管理团队将美国校园篮球文化的形态展现得淋漓尽致,软硬件的完美结合是校园篮球文化不断发展的坚实物质基础。美国各级各类校园的篮球设施齐全,教师的教学水平较高,教师教练能因材施教,制订出有针对性的较为科学的训练计划以迎合各个年龄段的孩子,让孩子们的成长始终伴随运动的快乐,使孩子们在运动中达到自己的最高水平和最佳状态。美国篮球有整套的梯队链条:小学—中学—大学—职业队,美国篮球大量的人才基础和人才储备也是长期美国霸占世界篮坛之首的重要原因。

从小学开始,美国孩子们就有机会接触篮球运动,中小学阶段的学生就接受基本功的训练,假期里也有为孩子开设的篮球夏令营或特训班,一些著名的教练或职业选手来亲自为他们做指导。这意味着孩子们从启蒙阶段就奠定了较为扎实的基础。高中的篮球课更进一步,全面提升学生的文化素质和技、战术的运用。

美国大学的篮球历史悠久,有着广泛的群众基础和良好的社会背景,生源充足,法规完善。在训练、竞赛、管理等方面都形成了系统完备的方法。在这种背景下,美国大学的校园篮球文化底蕴极为浓厚,学校中篮球人才所发挥的价值在美国 NBA 中得到了直观体现。美国大学篮球联赛是仅次于美国篮球职业联赛(NBA)的重大篮球赛事,NBA 中各球队或其他职业篮球团体中有 80% 以上的球员来自各大学。

美国篮球文化中彰显着个人英雄主义,追求个性的独立与自主。篮球文化里有着根深蒂固的英雄崇拜,这是西方文化对开拓和进取行为的一种认可。美国校园篮球同样充斥着"个人英雄主义"的精神文化,学生们将篮球场作为展现自我的舞台,在这里他们充分展示自我、实现自我价值。全国大学体育协会(NCAA)①,是美国千百所大学院校共同参与结盟的体育协会,NCAA 联赛中涌现出大量优秀的学生运动员,每年 NBA 的选秀是他们梦想成真的时刻,许多尖子球员脱颖而出。

在校园中,无论是正规的联赛,还是课余的临时比赛,学生运动员都会极其认真地拼抢每一次发球权,严格执行技战术配合,完全一副职业球员的状态。这种过硬的技术动作与场上认真投入的竞技状态相结合,必然会得到校内外乃至全社会的广泛参与和关注。

由于美国篮球后备人才体系的不断成熟及校园篮球氛围的影响,一些高中联赛中就涌现了加内特②和勒布朗·詹姆斯③等人,很多高中联赛拼杀出的优秀队员也已成为 NBA 的候选目标。校园篮球文化是校园文化的有机组成,受社会环境、校园文化等多重因素的影响,同时也影响人、塑造人。它能规范学生的行为,塑造他们拼搏向上、不屈不挠的精神。校园中的青少年在接触篮球时也在不知不觉中体会到篮球运动带给他们的价值观念、道德规范。他们在篮球运动中继承并发扬了篮球文化,并赋予其新的时代内涵。

---

① NCAA(National Collegiate Athletic Association),全国大学体育协会,是由一千多所美国和加拿大大学院校所参与结盟的一个协会。其主要活动是每年举办各种体育项目联赛,其中最受关注的是上半年的篮球联赛和下半年的橄榄球联赛。

② 凯文·加内特(Kevin Garnett),1976 年 5 月 19 日出生在美国南卡罗来纳州,前美国职业篮球运动员,司职大前锋/中锋,绰号狼王(森林狼时期)、KG(名字缩写)、The BIG TICK-ET、Da Kid。

③ 勒布朗·詹姆斯(LeBron James),全名勒布朗·雷蒙·詹姆斯(LeBron Raymone James),1984 年 12 月 30 日出生于美国俄亥俄州阿克伦,美国职业篮球运动员,司职小前锋,绰号"国王詹姆斯"(King James),效力于 NBA 洛杉矶湖人队。

（三）美国街头篮球文化

美国的大众运动一直遥遥领先于其他国家，这与美国民众对体育的热忱有必然联系，而篮球在美国又有极深厚的群众基础和市场，已成为大多数美国人生活中的重要组成部分。美国人聊天的内容及休闲的方式也与篮球息息相关，篮球已衍生为一种大众生活方式、休闲方式、文化符号，其中具有代表性的就是街头篮球文化。

美国街头篮球的起源可追溯到篮球起源的最初阶段，美国有的居民把自家后院或社区篮球场作为运动场地，进行竞赛。街头篮球遵循篮球的基本规则，但街头篮球的形式多种多样，与传统的中规中矩的竞技篮球运动有着较大的差别，具有较强的娱乐性。可以说美国的街头篮球是基于正规基础之上的非正规篮球形式。

美国街头篮球的发展和推广是比较缓慢的，但随着美国街头篮球联赛的推广及电视的普及，街头篮球迅速在全世界传播开来。这里不得不提及来自纽约曼哈顿哈林区的两支球队——"哈林环球旅行者"和"哈林巫师"篮球队，这两支篮球队中囊括了世界上众多顶级街球手，他们极致的身体天赋，花哨的篮球动作，表演中极潮的嘻哈元素都给人带来震撼和享受。以他们为代表的球队经常在世界范围巡演比赛，也将这种街头篮球文化带到世界各地，让世界的球迷领略到街头篮球的魅力，也对街头篮球文化的发展和传播起到巨大的推动作用。

美国街头篮球文化的形成和发展离不开美国黑人城市化及聚集地的形成，它们是街头篮球文化成长的沃土。美国的历史虽不足三百年，但近代美国的发展经过两次大的人口迁移，第一次大迁徙是在第一次世界大战中，战时物资的急需刺激了美国北部工业的快速发展，恰逢此时美国南方种植业不断萎缩，促使大量黑人向北迁移，以便寻求更好的发展空间。再者美国南部种族歧视严重也是这一时期黑人迁移的重要原因。

第二次人口迁徙是在第二次世界大战后期，在战争期间，美国军事工业发展迅猛，战后经济的快速增长急需大量的劳动力。这次人口迁移的主力应是黑人,他们从美国的南部迁移到西部和北部,成为当时美国发展的主要劳动力。

也是在此时美国城市开始大量出现黑人聚集地、生活区。黑人的城市化使得黑人生活场所从空间到社会形态都被局限于黑人聚居区里。大量黑人聚集地随之出现,黑人为延续自己的文化,建立自我社群的认同,便发展具有自身文化气息的艺术表现形式,他们配以嘻哈的音乐素材,结合黑人特有的律动天赋,陆续发展了街舞、街头篮球、饶舌乐等街头文化。

第二节　棒球的发展及文化映射

一个民族文化和精神的发展与社会、宗教哲学、伦理道德、世俗民情等发展有着密切的关系。美国是一个移民背景较强的国家,其建国历史较短,美国民族精神的核心——个人主义,正是移民国家所独具的性格特点。它表现为开拓进取、敢于冒险的精神和行为、平等独立的价值取向和自由民主的社会政治。美国第31任总统胡佛(H. Hoover)曾说过:近乎于宗教,棒球对于美国生活的影响远甚于其他制度。这足以说明棒球在美国运动发展史中的重要地位。棒球作为美国四大运动之一,被冠以"美国的国家消遣"(National Pastime)运动,具有独一无二的地位,享有其他运动无法比拟的政治、社会与文化重要性。棒球运动在美国广受欢迎,作为"国家式消遣",棒球运动所彰显的体育精神正是美国文化和民族精神的缩影。一项体育运动的成功离不开其民族精神和社会价值的渗透,其背后的价值正是我们要探索的。

一、棒球的发展

《体育、运动科学和运动的基础》(*Foundations of Physical Education, Exercise Science, and Sport*)一书曾将美国体育发展史划分为六个主要阶段:殖民时期(1607—1783年)、独立后时期(1784—1861年)、美国内战及战后时期(1861—1916年)、第一次世界大战与战后时期(1916—1929年)、20世纪中期(1930—1970年)和快速发展(1970年至今)六个时期。而棒球运动的发展恰恰契合美国体育史的发展脉络,棒球运动演进过程和发展大致也分为以下几个阶段。

(一)殖民时期

棒球运动起源于16—17世纪英国的板球,发展于19世纪。依托美国体育史的发展进程看棒球的演进,其作为一项运动在美国的地位并不理想。棒球作为在美国发展起来的球类活动,既不是唯一受欢迎的运动项目,也不是本土的球类运动,所以从殖民时期到独立建国初期,该球类运动并没有在美国得到提升和改善,更谈不上飞速发展。

当时第一批清教徒乘坐"五月花号"登上这片广阔的土地,个人民族主义[1]也随着他们在这片广袤的大地上播种、生根、发芽并不断衍生发展。102名清教徒就是这片大地个人主义民族精神的"始祖"。作为第一批清教徒,他们对于对这片大陆的社会和文化产生了深远的影响。美国大多个人主义研究者认为:美国的个人主义价值观源于清教思想。美国政治思想家路易斯·哈茨[2](Louis Hartz)认为:"个人主义是清教对西方文化的巨大贡献。"清教思想确立了美国个人主义的基本内涵,个人主义源自清教主义的理性原则和对个人自主的追求。

美国早期社会作为清教徒海外移民的大本营,由于清教徒的清心寡欲,他们对于体育项目持反对态度,这样便阻碍了球类活动在美国的开展。美国作为新兴的移民主义国家极力倡导个人主义,这就缺乏了英国传统社会中较为突出的社群联系,这一不利条件使得美洲大陆这片土地丧失了球类活动孕生的环境和土壤。

---

[1] 英国学者爱德华·卡尔认为:"民族主义通常被用来表示个人、群体和一个民族内部成员的一种意识,或者是增进自我民族的力量、自由或财富的一种愿望。"民族主义通常是指以维护本民族利益和尊严为出发点的思想与行为。

[2] 路易斯·哈茨生于美国俄亥俄州扬斯敦,1940年毕业于哈佛大学,获学士学位;1946年获该校博士学位后,旋即留校任教,一直从事以欧美政治理论为主的政治学教学与研究。

(二) 发展时期

1784 年独立战争结束,美国成为独立的新兴国家。刚刚独立的美国为巩固政权,积极开拓谋求国家的进步,科技、文化、教育等各个领域获得了空前的发展。人们对竞技运动热情高涨,这无疑推动了体育运动的现代化。棒球在这一时期快速而蓬勃地发展起来,备受瞩目,同时近代棒球也随着美国垄断资本的对外扩张而传播到世界各地。

1839 年,西点军校一个顽皮的学生达伯岱(Doubleday)在课堂上为避免打瞌睡,在课本背后的空白部分画下了现代棒球的初步扇形球场草图,也点燃了现代棒球的火苗。达伯岱在晚年曾说:"棒球,是美国一个自然发展的神话。"棒球因其特殊的魅力在美国飞速地发展起来。

19 世纪中期,随着棒球在美国各地的开展,人们发现各地执行的规则和玩法不尽相同。直到 1845 年,一位银行职员亚历山大·卡特莱德①(Alexander Cartwright)编写了棒球的比赛规则,这套规则逐渐被美国大众接受并作为统一的比赛规则保留下来,亚历山大·卡特莱德也因此被赋予"美国棒球之父"的称号。

(三) 专业化时期

19 世纪 50 年代末到 60 年代初,美国的棒球运动逐渐走强,棒球的规则开始在民众间流行。在城市和郊区出现了越来越多由各行各业组成的棒球俱乐部,这也意味着越来越多的球队开始从事棒球运动。这期间,美国不仅出现职业棒球运动员,还成立了全国职业棒球组织。随着物质的不断积累,社会的快速发展,棒球似乎变成了一种整个民族认同的项目。棒球运动的发展受到公众的关注,吸引了更多的观众。棒球弥补了因久坐导致的身体虚弱和户外活动缺乏的状况,也部分替代了酒吧和商业娱乐厅,越来越多人意识到这些场所滋生出不健康的运动休闲方式。

---

①　亚历山大·卡特莱德(Alexander Cartwright,1820—1892 年),历史上最早棒球规则的制定者,被称为"棒球之父"。

1871 年,美国第一个棒球职业联盟——"国家职业棒球协会"成立,1876年,"国家职业棒球协会"改为"国家棒球联盟"[①]。1882 年,"美国棒球联合会"成立,它与国家棒球联盟形成对峙的局面。1901 年,"美国棒球联盟"建立。自此美国棒球运动进入专业化。

1910 年美国正式批准棒球运动为美国的"国球"运动。1919 年前后棒球开始在东南亚甚至我国东南沿海等地出现。第二次世界大战后,棒球运动迅速在欧洲各国发展起来。现在棒球运动已在世界五大洲的 60 多个国家和地区展开。从一定程度上,从 1900 年到 1919 年被叫作"死球时代"。原因是这个时代的比赛得分非常低,全垒打非常少,而且比赛常常被投手统治。

1929 年,美国的经济危机致使经济大萧条,社会的动荡不安也影响到美国的体育。尽管棒球的国球地位已经稳固,但棒球运动的发展之路并非坦途。1930 年,棒球的受欢迎程度逐渐下降,大联盟中只有为数不多的几支球队处于盈利状态,这无疑导致了球队老板对于球队人员的大幅裁撤以及劳资双方的薪资之争。旷日持久的罢赛付出了更大的代价。据统计,棒球赛每停赛一场,城市主办地就平均损失一百多万美元。这一期间,棒球运动一直处于低迷中。

(四)多元化时期

20 世纪中叶,随着第二次世界大战的结束、经济的复苏,美国棒球运动开始全面复苏。一些球队开始招募黑人运动员,这在一定程度上体现了美国种族隔阂的打破。1947 年,布鲁克林道奇队[②]迈出了美国职业运动史上重要

---

① 国家联盟(National League),简称国联,是美国职业棒球大联盟的两个联盟之一。联盟由 15 支队伍构成,分成东部、中部、西部 3 个赛区,每个赛区有 5 支队伍。

② 原名布鲁克林道奇队,1958 年迁至洛杉矶后更名。道奇队成立于 1883 年。洛杉矶道奇(Los Angeles Dodgers)是美国加州洛杉矶的一支美国职业棒球大联盟球队,隶属国家联盟西区。

的一步——签下了第一位黑人运动员罗宾森①。与此同时,在美国政府与民众的努力下,一系列政策取得成功,对外资本主义迅猛扩张。随着资本市场的自由化,棒球运动虽不断发展,但球员和俱乐部老板不断发生利益摩擦,球员"罢赛"事件给棒球运动以沉重的打击。这场球员与俱乐部老板间的斗争持续多年,直至20世纪末才基本达成共识。其后屡屡出现球员服用违禁药物提高比赛成绩等事件,也使得棒球球迷流失了许多。

为了重塑棒球在人们心中的形象,刺激棒球市场,挽回粉丝,大联盟采取了多种措施,如跨联盟竞争和收益共享等举措,这些措施大大增加了各大联赛的票房收入。各大联盟也通过很多措施挽回了球迷,他们的价值稳步回升,主要联盟和电视之间的播放合同逐年增加。棒球力挽狂澜,重新挽回其独特的政治、社会和文化地位。与此同时,棒球题材电影在美国好莱坞也借势发展,如《轻敲战鼓》《天生好手》与《百万金臂》等优秀棒球题材电影层出不穷。体育项目的文化价值得到极大地彰显。

棒球运动在美国拥有悠久的历史,棒球水平在世界处于领先地位,项目的科研水平也很突出。即便如此,美国棒球界仍然不断探索前行,这种积极向上的精神十分可贵。与此同时,美国棒球界十分重视棒球运动在世界范围的普及和提高,他们关注开展棒球运动的国家和地区。美国棒球联盟、美国体育交流机构、美国民间体育组织等都会派出棒球教练员去各国开办讲座、指导训练,帮助这些国家和地区普及棒球运动。

二、棒球文化与美国文化

(一)棒球运动的演进

从上述美国棒球运动各阶段发展来看,美国棒球运动的发展并非一帆风

---

① 杰基·罗宾森,1919年1月31日出生于佐治亚州(美国),美国职业棒球运动员,效力于布鲁克林道奇队。他是美国职棒大联盟史上第一位非裔美国人(美国黑人)球员。在1947年4月15日罗宾森穿着42号球衣以先发一垒手的身份代表布鲁克林道奇队上场比赛之前,黑人球员只被允许在黑人联盟打球。

顺,其"国球"地位也非一蹴而就。18 世纪末,美国已有棒球运动的记载。到19 世纪中期,美国已出现职业棒球运动员,随后在棒球发展态势影响下同时期成立了全国职业棒球组织。1869 年,出现了第一支专业棒球球队——辛辛那提红袜队①。受国内大萧条和第二次世界大战的影响,美国棒球运动随即陷入低谷罢赛期。20 世纪中叶,经济发展加速,棒球运动也扩展到全国,球员们举行了多次罢工来保护自己的合法利益。自由贸易造成的弊病,如使用兴奋剂提高大联盟球员的表现已成为公开的秘密,这些引起了球迷的不满,但联盟采取了多项措施挽回失去的球迷,历史悠久的棒球运动在美国经历了曲折的发展。我们知道,美国是一个典型的多元文化融合的国家,棒球作为美国唯一的"国家娱乐"(National Pastime)项目,在调节各族群和各种群内部的文化冲突方面享有较高的象征意义与文化地位。

(二)棒球文化的演进

美国是一个历史较短的移民国家,人口结构复杂,其民族精神的核心——个人主义,是移民国家所独有的性格特点。这些造就了他们语言、宗教、种族等方面的差异较小,共同的历史渊源和文化诉求几乎不存在,但美国民众在短时间内形成了独特的国家文化并建立起国家文化价值认同观,这一切促成了美国体育文化的形成和发展。文化虽不像文明那样具有地区的广泛性,但它与每个国家的个体存在,每个人的喜怒哀乐、悲欢离合的情感诉求有着极深的联系。

棒球在美洲大陆成功地经历了本土化,并俨然成为一项可以代表美国精神的运动。棒球运动彰显了持续上进、不断进取和锐意创新的精神,并起到了淡化阶级、打破种族藩篱的作用。棒球运动被好莱坞电影以最直观的方式呈现出来,好莱坞电影热衷于创造英雄,个人主义和英雄主义正是美国人所向往追求的,尤其青年人都为之向往,也是实现美国梦的支柱。与此同时,棒

---

① 辛辛那提红人(Cincinnati Reds)是一支位于俄亥俄州辛辛那提的美国职棒大联盟球队,隶属国家联盟中区,亦是美国大联盟中最早成立的一支球队。红人创立于 1882 年,当时的球队名称为辛辛那提红长裤,因为名字太长而英文简写成 Reds,最后变成红人。

球已成为一项象征正直、节制、健康、清新的运动,俨然成为现代工业城市生活堕落的道德净化器,棒球团队共同协作的特点也向美国民众传达着团结合作的信号。尽管个人主义是美国核心价值观的主要内容,但棒球的普及使得这一思想与团队协作巧妙地裹挟在一起,潜移默化地将团队合作转化为一种重要的协作方式,既增强了民族的凝聚力,也增强了文化的核心力。

棒球,作为一项集体运动,毫无疑问需要集体认同感。这无疑为美国这个大熔炉提供了社群想象力与凝聚力的基础。棒球的很多文化特质为“大熔炉”的美国公民提供了身份契合的渠道,通过棒球项目的对抗拼搏隐喻于生活的起伏之中,这正是美国的民族精神和文化精髓之所在。棒球已成为具有美国文化特色的理想的运动方式,它已成为美国民族文化价值认同观的元素符号。

棒球有很多独特的文化元素,从规则上说,棒球是为数不多的没有严格时间限制的运动项目,只要你直面对手,不管你比分落后多少或领先多少,都要勇敢地面对对手的挑战,每个环节都要积极,最终才有可能取胜,没有丝毫可能像足球或篮球那样通过靠消耗时间取得阶段胜利。另外,棒球也有和其他球类运动相似的地方,即个人与集体的关系。个体再厉害,你也只是投手,也要靠你的队友接住球,传出球来完成出局数。作为打者,你无论多强,都必须按照打线的顺序轮流打击,就同足球或篮球一样,没有球员本身和球队间的密切合作与密切配合,一切都无从谈起。从战术上说,棒球宣扬一种自我牺牲精神,譬如牺牲打(棒球中击球员牺牲自己安全上垒的权利而使跑垒员进垒得分的击球)、牺牲触击等,就是靠损失自己的数据,为球队多得分数。球场文化中,棒球运动提倡不欺负弱小,而在球场外队员们更愿把团队看成一个大家庭,例如棒球中本垒板的英文被称为“home”,就意味着“家”的意味。而且同篮球和足球的紧张对抗相比,棒球比赛现场始终环绕着温馨的家庭氛围。这种传承不只因为棒球是美国的“国家性娱乐”,还因为棒球所具有的社会价值和文化意义。

(三) 美国棒球文化

美国棒球充分体现了美国文化的特征。首先,美国是一个讲究制度的国家,而球队组织就是美国社会的一个缩影。其中包括了球员、资方、球员工会、球队与球迷球队与地方政府的关系。其次,个人英雄主义的盛行。美国人向来崇尚英雄,在一般人心目中最有分量的就是体育英雄,而历史悠久的棒球更是英雄辈出的领域。棒球比赛进攻一方本垒上只由 1 名球员要同时面对防守一方9名运动员的围攻,为了取得成功必须有娴熟的技巧、坚强的心理素质和顽强的抵抗力。而这个球员无疑成为全队甚至全国的英雄。①最后,棒球运动代表了美国人对乡土家园回归性的向往。第一次工业革命取得了极大的成功,但是工业革命也带来了环境污染和单调乏味的工作,人们渴望回归乡土家园的宁静生活。每个完整的跑垒都代表着一场,每次运动员跑回本垒都象征对家的回归。棒球代表了美国自由平等精神和爱国主义精神。

三、棒球的价值与现实意义

(一)棒球神话价值

棒球在美国被誉为神话,神话能让普通人的生活有意义,能为混乱的生活带来秩序和安宁,能协助个体理清复杂而矛盾的关系。一个社会需要神话借此化解社会内部各种价值间的潜在冲突。棒球的神话功能在美国越发得以显现,棒球神话有助于解决美国城市化和工业化所产生的紧张局势。对于广大美国民众,享有尊崇地位的棒球为美国生活方式和美国梦提供了种种所需的神话。

19 世纪末,棒球运动就与各式各样有利于主流文化的虚构神话合体,这些神话有益于主流价值的传播,美国人不断被灌输与强化这些主流意识形态与价值,并在美国移民社会中塑造身份认同与理想典范。而棒球这项近似神话的运动正是公民进入美国文化和社会有效的途径与方式,在运动中结交朋

---

① 杭兰平,韩丽云,欧阳南军.体育文化的吸收、融合、演变与发展——美国体育文化对中国体育文化的影响[C]//美国华人人文社科教授协会第二十一届国际会议论文汇编,2015:5

友如"破冰"①一样轻而易举,棒球运动很好地阐述了个人与集体的团队精神、传承发展与自我牺牲精神。

对于大多数美国人来讲,棒球比赛可以把他们带回到与家人、朋友欢聚一堂的童年时光。"击球、上垒"这些热情高涨的画面看起来就像盛大的节日庆典,对美国人来说这不仅是他们的消遣方式,也是美好瞬间的缩影。每场比赛球员们都拼尽全力争取得分,每场比赛球员们都用生命去捍卫取胜的机会,将球打得更高更远。这种正能量的传递使参与其中的每个人都感同身受,无论是球员还是观众,这正是棒球的价值所在,魅力所在。

(二)现实意义

美国人类学家史普林伍德(C. Springwood)在尝试探究棒球吸引球迷的原因时,曾提出关于棒球创造神话的三个有利因素:首先是球场与球赛交融展现的田园牧歌形象;其次是特殊的赛季安排;最后是棒球比赛的特殊时空条件。

现代棒球崛起于都市之中,但当代美国社会对于棒球基调的定义仍停留在田园牧歌之中。现代棒球宽阔的场地、绿油油的草坪、和煦温暖的阳光,诗情画意的周围环境,三五成群好友结伴在舒适午后分成两队进行棒球比赛,这正是人们对于棒球梦境般的幻想,这样的环境总能勾起人们对童年生活的回忆和纯真质朴生活的向往。许多虚构的棒球神话也正孕育其中,田园牧区的理想和超然脱俗的景象交织成画。一方面,各种各样的棒球神话满足了人们对乡愁的寄托,使人们在疲惫不堪的生活之外还能有其他选择;另一方面,棒球仿佛也为亟欲返璞归真、抛开世俗的人们提供一处遁世的伊甸园。

在美国,有三个赛季最为多彩,即美式橄榄球赛季、篮球赛季和棒球赛季。史普林伍德所提到的特殊球季安排,也是经常被讨论的棒球特征。对于大多数美国人,运动并非是一种消遣,而是生活中很重要的一环。萧瑟的冬天如果没有棒球的陪伴会更显萧瑟,充满生机的春天过后便是因赛事而更显

---

① 破冰是一个专业术语,指的是培训当中一项专业的技术,特别是在户外拓展中,成功的破冰可以说是整个培训是能否达到预期效果的关键。

炙热的夏天。人们经过寒冬的休息,趁炙热的夏天在棒球场上挥洒汗水。"堪萨斯皇家队"①(Kansas City Royals)投手巴斯提(S. Busby)曾说:"对我而言,棒球一直都是我们的国家运动。棒球会在民众中激起惊人的情感。"

棒球项目的对抗精神隐喻在人生的跌宕起伏之中,这也正是美国的文化和精神。有感于棒球比赛与人生处境间的相似性,畅销棒球作家伍尔夫(T. Wolfe)曾如此形容:"我始终如此挚爱棒球的原因,不仅因它是伟大的国家运动,更因它是我们整个生活处境的一部分,也是我们拥有事物的一部分。"棒球确实教会了美国人直面失败。从棒球赛的数据统计中不难发现,即便是世界上最优秀的运动员,也只有三分之一的击球成功率。剩下的三分之二对于他们,或者完全错过球,或者球被对方接住,或者球被投出界外,随后他们只得垂头丧气地走回球员区,细细琢磨你会发现这才是棒球比赛的精髓和特殊。作为一项竞技体育,棒球真的是"重"在失败,确切地说是考验运动员心理的承受能力,如何面对失败,尤其当失球的概率远高过击中的概率。正如那些优秀的棒球选手,美国人擅长在跌倒时爬起来继续拼杀,回味起来发现棒球运动中处处充满着人生的智慧。

(三) 美国棒球的未来

美国的体育发展多是社会组织成立在先,国家政府干预在后的形式,其政策大致可以分为放任期、发育期和成熟期。作为移民国家,美国民众崇尚英雄主义、突出张扬的性格。体育文化是动态变化、逻辑衍生的,与时代背景息息相关,现在体育文化传播已经不仅是赛事、制度、行为层面,更是一种文化的渗透。梳理棒球运动的发展轨迹,可以看出美国更加注重个人主义、英雄主义,追求运动员作为主体在棒球场上通过自己拼搏而获得个人能力展现的过程。一项运动的成功离不开文化的发展,美国棒球运动成为"国家性消遣",正是彰显美国追求个人主义、统一社会价值、实现美国梦的民族特征和精神体现。

---

① 堪萨斯城皇家队成立于 1969 年。堪萨斯城皇家队名人堂成员包括乔治·布雷特、奥兰多·西佩达、惠特尼·赫尔佐格、哈蒙基勒·布鲁、盖洛德·佩里、乔戈登和鲍勃柠檬等。

棒球是美国梦的一种体现与象征,是跌宕起伏人生的隐喻,只要通过刻苦的努力,谁都有机会登上大联盟的殿堂、登上梦想的殿堂。这种坚持不懈、勇往直前的精神,对少年有着积极的启蒙和激励作用,集体项目中蕴含的团体精神正是文化渗透的体现。西方民众倡导展现生命完美的竞技体育,西方民族重视实证主义,把自然界作为人类认识、改造的对象,在这个民族意识中有着巨大的精神力量,推动他们做主人,发挥主体的能动性,去改造环境并与其斗争。充分认识和发挥体育的教育功能是各个国家值得深思的问题。

第三节　橄榄球的发展及文化映射

一、橄榄球的发展

(一) 橄榄球的历史

据记载,1823 年,在英国小镇的一场足球比赛中,一个名叫威廉·韦伯·埃利斯①的人因求胜心切,以双手抱住足球,跑进球门,这种行为在足球比赛中是犯规动作。但威廉·韦伯·埃利斯这个犯规动作,激发了在场专业人士的灵感。也就是说,足球比赛可以用手比赛,必定会成为一种更有趣的运动。这也成为了橄榄球运动发展的起源。美国在当时作为英国的殖民地之一,其文化、政治、经济等均受到英国的影响,体育的发展亦是如此。美国早期的英属移民者对英国传来的板球进行了革新和创新,最终发展演变至美国现代橄榄球的雏形。

美式足球即橄榄球由英式橄榄球演变而来,除奥运会,橄榄球运动大概是最受美国人欢迎的体育项目和体育赛事了。橄榄球运动对参与者的身体

---

① 威廉·韦伯·艾利斯(1806 年 11 月 24 日至 1872 年 1 月 24 日),出生于英格兰兰开夏郡萨尔佛得,是一位圣公会牧师。他曾经就读于沃里克郡拉格比镇的拉格比学校,一般认为他就是橄榄球运动的创始人。

素质和心理素质要求都较高,作为一名进攻队员,有时会受到两名甚至多名防守队员的夹击。每场比赛,进攻队员被拦截的次数少则三四次,多则十多次。防守队员还经常趁进攻队员不注意时进行冲击或拦截,进攻队员要掌握很多灵活地保护自己的技巧,否则很容易受伤。高中的橄榄球比赛作为一种全民健身性质的运动,普及程度很高,一般情况下,不太瘦弱的高中生均可报名参加。这种运动集中体现了美国主流男性的价值观:强壮有力量、勇于拼搏、团队协作、忠于奉献、遵纪守法、集体荣誉至上、服从规则、尊重对手等精神。更为重要的是,橄榄球不仅对参与者有意义,对观看者同样产生身份认同感应。对观众来说,对某个球队的忠诚是团体重要凝聚力的核心。在比赛中体现的人对社会的责任、爱国主义情怀、激情和热血澎湃也是美国主流意识形态强化的观念。

美国建国之初,虽在国际上具有了一定的影响力,但也只是一个吸引着欧洲民众的"新世界",且经济和文化实力仍然无法与英国媲美。在体育方面美式橄榄球一直沿袭英式橄榄球的发展模式,直到 19 世纪后半叶,美国的经济、科技、军事实力等方面的提升,使其成为全世界的头号强国,促使美国要接替"旧宗主国"世界霸主的"衣钵",在文化上坚持本土特色,所以对英式橄榄球进行了一系列改革,以期能够脱离英国文化的映射。在英式板球创新发展为美式橄榄球的过程中,被加以多种条文,使之更为成型。美国改变了原有的规则,如进攻组、防守组,服装的变革及球员无限替换等都是对以往运动规则的彻底改变,试图用该项目创造出一种新的国家认同感。

此外,美国在成为世界强国后,不断向全世界渲染"自由民主",每个人通过自身的努力都可以实现自身的梦想,这样的"美国梦"吸引了大批的移民来到美国,这就使得美国的人口背景异常复杂,宗教、文化背景、语言都有巨大差异。在这样一个"熔炉"式的国家里,建立国民文化的认同感,并对其他国家文化有明确的界限感,最终形成国家的文化价值观念就变成了当务之急。

这一过程中,通过说教的方式难以深入人心,而集体性的体育项目在某种程度上能够打破言语上的壁垒,而在橄榄球项目中这一优势得以显现。在运动中个人的认同感和集体的归属感能够将不同背景的人巧妙融合到一起，并在运动中不断加深这种连接和融合。

(二) 橄榄球项目的演化

美式橄榄球是由英式橄榄球直接演化而来，并最早在大学中开展，最早有记录的大学校园橄榄球比赛是新泽西的罗格斯大学①对阵普林斯顿大学②。1874 年哈佛大学对阵蒙特利尔大学的系列赛中完善了橄榄球比赛的规则，也奠定了现代美式橄榄球的基本框架。由于美国建国后仍是英国的第十三个殖民地，由此引发的枷锁桎梏成为美国发展的最大障碍。一直到南北战争时部分南方州所实行的奴隶制度阻碍了美国整体人口素质的提升。美国在早期就特别重视高等教育，大学数量甚至比欧洲任何国家都多。美国大学是橄榄球的发起者和实施者，从一开始就将橄榄球视为精英阶层培养的重要手段和途径，在崇尚自由和个性解放的美国，橄榄球被视为培养团队精神的最佳方式。

随着美国移民数量的激增，美国民主进步思想的倡导者希望来到这个国家的人都能够用共同的目标来为国家服务。橄榄球恰好既包容了欧洲体育运动的传统，也带有美国体育文化的特色，这种身体直接对抗性的运动完美地诠释了个人存在与团队协作的精神，象征着进步的始发地——美国的奋斗与竞争。

(三) 现代橄榄球的发展及文化特色

工业革命和南北战争影响了美国的经济，工业革命的出现使得机器被广泛地应用到人们的生产活动当中，人们的生活方式和生产方式发生了巨大的

---

① 新泽西州立罗格斯大学 (Rutgers, The State University of New Jersey)，通称罗格斯大学 (简称 RU)，是新泽西州规模最大的高等学府，美国颇具科研实力的大学，也是世界上著名的公立研究型大学。

② 普林斯顿大学 (Princeton University)，简称"普林斯顿"，是世界著名私立研究型大学，位于美国东海岸新泽西州的普林斯顿市，是美国大学协会的 14 个始创院校之一，也是著名的常春藤联盟成员。

改变,生活质量有了极大地提高,闲暇空余时间增多,国民经济得到了空前的发展,这些都使美国从农业社会逐渐过渡到了工业社会,真正改变了美国的社会性质。工业生产中商品经济的发展给人们提供了大量的工作机会,这使得美国的中产阶级发展迅猛。这部分人闲暇时就会从事体育锻炼,让体育运动成为生产工作之余的一种排遣方式。橄榄球作为美国最流行的体育运动,不仅强健了人们的体魄,更深刻地改善了美利坚民族的性格和精神内涵。开发橄榄球的过程中,美国试图用橄榄球这一鲜明符号赋予新一代美国人勇敢、向上、拼搏进取和团队精神等特质。通过近百年的推广,橄榄球确实将这些特质在美国民众中推广开来,深刻地改变了美国人的意识形态和行为准则,成为美国社会精神文化的重要特色。

1. 创新精神

17 世纪的英国封建社会宣扬"身体罪恶论""肉体是灵魂的监狱"等论调,一直反对和体育相关的各种身体活动,但同时统治者又要维护自身的利益,便开展了以军事目的为主的"骑士体育"①,这样的娱乐活动体现出教会和主权统治者的迂腐和奢侈。所以一开始清教徒来到美国大陆时受传统思想的制约是非常排斥进行体育活动的,但为了在当地民众中树立通过体育锻炼强化军事训练,树立远离犯罪和公平竞争的价值观,清教徒便逐渐接受了一些体育运动。为了能够摆脱"英国附庸"这个称谓,美国在体育运动中表现出了强烈的去殖民化心态以及创新精神。在去殖民化的过程中美国橄榄球大胆破除旧的规则,尝试用新的赛制、规则和创新精神建构出基于民族认同感的美式橄榄球。同时美式橄榄球的发展与中产阶级的体育运动与经济发展密不可分,于是橄榄球成了美国工业社会发展状态的文化符号。

2. 竞争精神

美式橄榄球能够发展成为美国社会的主流项目,主要在于其竞争的要求更高、动作难度更大,比赛规则中诸多在篮球和棒球中禁止的动作在橄榄球中则属常态。美国人始终认为人生来就要竞争,从经济活动到体育活动,美

---

① 中世纪骑士阶层所进行的、以军事服务为主流指向的体育教育、训练和比赛活动。

国人都时刻保持专注,并逐渐建立起一种竞争的意识形态。资本主义的发展在于对工人的剥削及原始资本的大量积累,这其中必然会出现资本家为了争夺资源而出现竞争的情况,这种竞争精神是美国根深蒂固的价值观念。这样的观念必然会渗透到橄榄球运动当中,在橄榄球中最终的胜利者只有一个,所以为了胜利,运动员的竞争精神充分被激发出来。与此同时也充满了暴力和对抗,阻挡①、截掷球②、抱腰等动作都极具危险性,运动员必须拥有强壮的身体来阻挡对方球员。尽管在比赛中伤害频发,但也正因此橄榄球这项运动更具挑战性和威严性,充分体现了激情与搏击。运动员会为受伤后继续在赛场上拼搏而感到骄傲和自豪。

橄榄球高对抗的特点迫使橄榄球的训练比赛必须采取科学合理的严格把控和缜密的制度设计。橄榄球项目从诞生之初,就不可避免地面临着运动员在高危强度对抗中产生的伤病甚至是死亡。因此美国橄榄球联合会等专业机构对比赛规则、场地标准、战术打法等都进行了较为明确的规定和限制,将橄榄球运动的各个环节都纳入制度化管理,为橄榄球的顺利发展奠定了制度保障。美国医学界多年的参与,也是橄榄球项目发展的坚强后盾。医学界不仅为橄榄球项目提供了医疗保障,还对橄榄球的场地建设和装备开发提供了许多建议。基于严格的制度管理和完善的防护措施才使得橄榄球项目的危险率和伤病率得到了有效的控制。赛场上的激烈对抗和永不言败的竞争精神是橄榄球的精神之魂。

3. 个人主义与人本精神

在美式橄榄球中,每个队员为了团队的胜利做出了自己的贡献,将自己的技术特点展示在比赛中,展现在观众面前,自身的价值能够在比赛中体现得淋漓尽致,这种为了胜利拼尽全力的付出受到了人们的尊重。在橄榄球运

---

① 阻挡:多指一名队员不公平地用拉球衣、勾人或铲人的方式妨碍对方进攻。阻挡可以使用手臂和身体,但不能拉住对方防守队员,否则视为犯规。

② 截掷球是橄榄球运动技术的一种,是将对方控制或传出的球占为己有,或破坏对方对球的控制的技术,也是比赛中由守转攻的主要手段。截掷球可分抢球和断球两种,有正面抢、侧面抢和铲球等动作方法。抢球时须善于利用合理冲撞,动作快速、凶猛、果断。正确的判断和选择是动作成功的关键。

动中,会对比赛做出杰出贡献的运动员颁发不同的奖项,充分体现球员的价值。球员的轮休权利等体现了橄榄球非常重视人本精神和人文关怀。尽管团队合作是取得胜利的必要条件,但是尊崇个人主义的美国不会将胜利完全归因于一个团队,比赛中个人价值是会被媒体、观众、联盟放大认可的。橄榄球项目中的核心位置是四分卫(quarterback),作为领袖,进攻的发起点,甚至还可以通过自己对比赛的解读改变比赛的结果,四分卫的存在体现了美式橄榄球中个人的重要性。主张个人具有最高的价值,是橄榄球的信念和态度,橄榄球项目追求的是个人主义发展且团队集体的共同努力。

二、美国橄榄球发展的原因

(一)历史文化基础

体育项目的价值不仅在于锻炼,更在于对社会文化的影响力。美国秉承"上帝的选民"这一人生信条,清教徒思想在国家文化中根深蒂固。为了区别于当时的宗主国——英国文化的特征,且英式橄榄球自带的明显贵族绅士气息让美国这个熔炉式的移民国家无法认同,所以美式橄榄球从英式橄榄球中解放出来。在这样一个充满不同文化背景且民众汇集的国度里,如何建立文化认同感尤为重要。橄榄球运动场面宏大、规则简单,强调进取精神和团队协作,这些都对美国民族文化的发展起到了极大的推动作用,这也成为橄榄球发展的重要前提。

与篮球、棒球、足球等明星球员具有统治比赛进程的情况大不相同,橄榄球运动更注重配合,明星球员个体的作用往往不如篮球、棒球、足球项目中表现得突出,因此橄榄球更为注重团队精神。在诸多以橄榄球为题材的电影中经常可以看到强调团队精神的画面。可见,橄榄球文化在弥补种族关系、促进体育精神等方面确实起到了重要的作用。而橄榄球运动中,激烈的冲撞和勇往直前的精神对于青少年进取心的培养是其他项目难以企及的,这也进一步增强了此运动项目在青少年中的感染力。因此,橄榄球运动成为美国的国球就变得理所当然。

虽然橄榄球并未成为奥运会的比赛项目,但这并不妨碍橄榄球在美国民众中的受欢迎程度,这一切归因于美国所崇尚的大国文化——强调文化的独立性,并且要用美式文化去感染整个世界,甚至逐渐演变成对其他民族文化的排挤和渗透,而自身鲜少受其他文化的波及和影响,这恰恰是美国体育文化自信的表现。

(二) 高校的人文积淀

耶鲁、哈佛等高校共同建立美国第一个橄榄球联盟后,为橄榄球的普及奠定了基础,在百余年的发展中借助大学雄厚的财力,多数大学都修建了高水平的橄榄球比赛场地。时至今日,大部分球场已经成为当地的地标性建筑,甚至有些大学的球场甚至可以容纳近十万名的观众,形成了巨大的社会反响,大学间的比赛已经成为学校所在地最有影响力的文化活动项目。而橄榄球比赛的胜利,也成为扩大学校声誉的活广告,因此,美国大学对于橄榄球运动的关注就变得习以为常,橄榄球在各高校的普及和热度持续升温。

此外,大学橄榄球队员具有较高的流动性,因此各高校橄榄球队需要更为庞大的后备人才队伍。为抢夺优质生源,许多大学专门推出了丰厚的体育奖学金吸引中学的体育人才,这也进一步刺激了中小学橄榄球运动的发展。橄榄球运动是当前美国中小学中最受欢迎的体育项目,经常参加比赛和训练的学生数量高达百万人,进而也形成了较为完善的教学和比赛体系。这种根植于学校体育的发展模式,为橄榄球运动的发展提供了稳定的群众基础,这种稳定的发展平台对于宣扬橄榄球文化具有重要的意义。

(三) 商业运作模式

在市场经济条件下,体育运动以及其文化的发展离不开资金的支持,美式橄榄球是最早实行商业化的运动项目。橄榄球联盟已成为美国经济效益最为丰厚的团体联盟,大学之间的校际比赛为观众带来了无与伦比的视觉享受,参赛者会获得相应数量的报酬,还能享受"明星效应"带来的光环。在金钱和名誉的诱惑下,很多运动员在大学毕业后继续从事职业橄榄球运动,因此催生了职业橄榄球联盟。职业化的运作,使运动员获得了难以想象的金钱和声誉。众所周知,NBA① 在世界范围都是薪水较高的联盟,而在橄榄球队联盟中年薪上千万的球员数量是四大联盟中最多的。通过职业化,橄榄球不仅直接促进了美国学校橄榄球运动的发展,也吸引了更多青少年投入到橄榄球运动中。这种学校体育与职业体育的互相扶持成为橄榄球运动较为稳定的发展模式。这种模式不仅使橄榄球运动获得了充足的资金保障和人力资源,也获得政治、经济、文化、娱乐等方面的大力支持。

美国职业橄榄球的高速发展离不开"美国职业橄榄球大联盟"(简称NFL)。NFL 成立于 1920 年,被公认是"美国经营最好的企业之一"。NFL 凭借优秀的组织结构、创新策略和核心价值将美国橄榄球运动推向了最高水平,因此备受各界的赞誉。NFL 有 32 支球队,这些球队遍布全美,被分为两大联合会——美国联合会(简称美联或 AFC)和国家联合会(简称国联或NFC)。每个联合会有 16 支队伍,分成 4 个分赛区:分布在美国的东部、南部、西部和北部。每个分赛区又各有 4 支队伍。NFL 分季前赛、常规赛、季后赛和年度总决赛,年度总决赛就是大家所熟知的超级碗(Super Bowl),一般在每年 2 月的第一个星期天举行,那天也被称作超级星期天(Super Sunday)。正是美国强有力的制度保障、政策支持和强大的群众基础,橄榄球得以在美国蓬勃发展起来。

在不断发展壮大的过程中,球队的经营者不断包装、宣传、造势、修建一系列和橄榄球相关的建筑,衍生出相关的文化产品,并且与各大媒体联合,吸收社会各方资金,为的是为观众提供最精彩赛事的同时,发扬美国的文化精神。反过来,动辄数万人观看的比赛场面也为橄榄球做了"无声的宣传"。这种稳定的发展模式对于宣扬橄榄球文化具有极为重要的意义。在此基础上,橄榄球的发展已无须世界其他国家的助力就已经形成美国自我发展、自我完善的良性机制。因此,橄榄球运动的发展更为关注美国本土观众的需

---

① NBA 是全世界薪水最高的职业体育联赛,平均年薪超过 700 万美元,远超各大足球联赛和美国的橄榄球联盟与棒球联盟。2017 年夏天,正值巅峰的库里和勇士队签下一份五年 2.01 亿美元的续约合同,合同金额创下 NBA 纪录,在这份合同的第三年,库里可以从球队拿到 4023 万美元,在 NBA 球员中年薪排名第一。

求,而较少关注国际化的发展。

(四) 合理的规则保障

受欢迎的体育项目如果是高深莫测、规则繁多,能被民众接受吗? 答案是否定的:不能被广泛接受。相反,一个受欢迎的、在群众中广泛开展的体育项目一定是规则简单合理、胜负判定明确、项目特点显著,同时还能使每一位练习者、参与者感到兴趣,甚至能感受到项目所蕴含的文化底蕴和内涵。激烈的碰撞是橄榄球最大的特点,同时正因为这一特点才使其被誉为世界上"最野蛮的运动",早前该项目给运动员的身体健康带来过巨大的威胁。后来在罗斯福当政期间,橄榄球规则不断改变,同时还改变场地、器材、设备、技战术等诸多方面,同时医疗团队也参与其中,为运动队提供了专业的医疗服务保障。这使得橄榄球伤病率逐步趋于正常,运动员的比赛和训练时间趋于合理。

三、橄榄球的精神文化内涵

(一) 正直勇敢是核心

橄榄球运动中的诚实和公平竞技衍生出了"正直"。完善正直的人格、道德水准的提高,永远是橄榄球运动的核心和橄榄球运动员做人的标准和修身之法。橄榄球运动是可以进行身体接触的球类运动,要求队员持球时必须向前进攻,因此比赛时身体对抗最为激烈。队员在比赛中要以战胜艰难困苦的英勇气势向对手展开最强大的攻势,这样才能获取比赛的主动权。有德必有勇,正直的人绝不允许胆怯。作为一名橄榄球队员,在比赛中来不得半点虚假,当队员带球进攻时,面对的是对方全体球员的防守堵截。在对方众志成城的围追堵截下,是规避退缩还是面对强大的压力勇往直前,是对勇气和耐力的挑战。突破防守,就会取得最终的胜利;反之,当队员面对凶猛的进攻,是否能够用躯体抵抗冲击,来不得半点胆怯。扑搂失败①,防线必破,就会全军覆没。抵抗住进攻,战机就能转变。为了取得胜利,进攻方所有的队员以无坚不摧的气势,不怕牺牲,前仆后继,勇往直前,向对方阵区发动一轮又一轮猛烈的攻击。防守方队员奋不顾身地扑搂、擒抱持球进攻队员,一次又一次地瓦解进攻方的冲击,展现出勇敢者的胆识和风采,体现了一往无前的牺牲精神。这一切都是用切实的行动加以体现,而不是用华丽的语言和虚滑不实的动作去敷衍。一切虚伪的表现或闪现私心的畏惧都会在橄榄球比赛中无处遁藏,虚假与诚实将得到真正的考验,成功属于有毅力、有信心、正直善良的人。

(二)热忱是灵魂

橄榄球运动为其爱好者孕育着刺激的电波和情感的寄托。只要接触过和打过橄榄球的人,就会对橄榄球运动怀有无比憧憬的想象。他们在场地上摸爬滚打,与汗水、泪水、雨水、冰雪、泥土融合交融,展现出力量、胆量、度量。这些是无法形容、无可替代的,没有从事过这项运动的人更无法体会,唯独享受橄榄球的人才懂。对橄榄球的热忱,不论男女,不是与生俱来的,多数人是在经历征服畏惧后历练而成的。在极力克服恐惧,频繁接触该项目后,消除了担心和顾虑,对这种运动逐渐怀有高度的热忱和激情,才做到了对橄榄球的坚守。而令喜爱橄榄球运动的人印象最深刻的,不是哪一场轰轰烈烈的比赛,也不是哪一次进了达阵区②的激动,而是其中的体训、道德、谦逊、平和、霸气外露的橄榄球生涯。这份激情很难诠释,是潜移默化的累积,永不消退,历久弥新。热忱是橄榄球群体对自己所经历过的感受在思想上、感情上和心

① 扑搂:橄榄球术语,进行扑搂的最大目的是阻止持球对手的前进,为此要以超过对手的力量并根据球的位置进行冲撞扑搂。以肩部冲撞对手时,在对手把球放开前应一直抱住他,特别是不能让他的脚移动。在进行以不让对手传球为目的的压制扑搂时,要把对手的手臂同时抱住。此外,在阵线附近进行扑搂时,只抱住对手的腿并把他摔倒,对方仍有可能达阵得分,因此要进行高位的扑搂并要压住球。

② 达阵(Touchdown)是橄榄球比赛中重要的得分方式,即"触地得分"。在英式橄榄球比赛中,触地得分是得分最高的方式。当进攻队员攻入防守方的得分区内用手持球触地,"达阵"得5分,英文叫Try。美式橄榄球中的"触地得分"(Touchdown)可以得到6分。

理上的认同和投入,他们愿意成为这项运动中的一员,乐于积极参与与之有关的各项活动。这是橄榄球人的一种素质,一种性格。这种性格展现了身体虽疲劳,精神却愉快的反差。创伤虽已结疤,但比身上的刺青更令人羡慕,因为那是成长历程中留下的痕迹。他们感到橄榄球运动已融入自己的血液,只有橄榄球才能实现自我价值。当别人花前月下或虚度光阴之时,他们却在烈日炎炎下锻炼体魄,享受青春。这是人生的一种选择,是运动赋予他们的一种追求。

(三) 团结是力量

橄榄球比赛场地最大、人数最多,必须有统一的意志、统一的认识和统一的行动,否则就会出现攻防上的漏洞,贻误战机。橄榄球比赛是一切体育运动中最能真正展现团结一致的运动项目。当进攻队员得球时,要迅速向前跑动,组成攻击队形,形成整体合力施加给防守方,迫使防守方节节后退。同时,防守方队员会迅速阻截进攻方持球队员,及时形成防守体系,给进攻方施压。攻守双方连续对抗持续胶着,斗智斗勇,其技术节点上必须有多人的组合,体现身体的夹扎、托举和争顶①等动作,构成团队组合技术。这种因技术风格而在比赛中体现的团结一致性,伴随着比赛时刻都在发生。当遇到受阻的情况,第一要务就是寻求同伴的支援,为了争取球权,队员们要经常组成司克兰②,通过八名队员的夹扎,组成八人一体,齐心合力进行推顶,迸发出排山倒海般团结一致的力量。因此,橄榄球运动更加注重整体作战和集体配合。在橄榄球场上,任何人如果忽略了与队友的合作,只注重个体表现,即便个人身体条件再好、技术水平再高,也不会有所作为。只有把个人才能和集

---

① 争顶,是在比赛对抗环境中的头球,对力量和协调性要求很高,危险性也大,在头球技术的基础上还需要一定的抗干扰能力,有时需要加入助跑、起跳等动作。业余橄榄球不建议太过强调争顶,练好头球基本功,争顶自然进一步就领会了,多在场上实践即可。

② 司克兰(scrum),当比赛中出现前抛和前拍,或多人争抢球而球无法从人堆中显露出来时,裁判员将鸣哨停止比赛。双方将进行司克兰,双方各三名前锋队员相互搂抱,半蹲顶架在一起。由前抛或前拍队的对方或获得球权的队向司克兰中投球。投球队员将球投进司克兰后,双方队员互相顶推,中间的钩球队员用脚争抢球,将球向后钩出司克兰。投球队员绕到司克兰的后面将球拾取,或传球,或带球跑,比赛继续进行。

体意志、力量结合在一起,全体队员同心协力,密切合作,才能排除艰难险阻,取得最终的胜利,这正是当今社会积极弘扬的集体主义精神。

橄榄球运动的团结一致不仅表现在行动上,还体现在思想上的高度统一。为了共同的目标,要有舍己为人的高尚精神。赛场上,橄榄球队员是进球机会的创造者,而非达阵得分的球星。橄榄球运动所要培养的,不是个人英雄主义,而是在一个团队中默默坚守于自己的岗位,不推诿、不居功,牺牲自己来为团队创造胜利机会的人。只有人人拥有奉献精神,都以作无名英雄为荣的风范,才能发挥高度团结一致的团队精神。所以说橄榄球争取的从来不是个人的荣光,而是团体的荣耀,倡导的是"人人为我,我为集体"的团队精神。

第四节　美国冰球运动

现代冰球运动起源于加拿大,这项运动结合了足球和曲棍球的特点,在冰面上进行,对场地有一定的要求。冰球是加拿大的国球,在北美洲盛行已久。多年来冰球一直在美国北部地区受到广泛的追捧,早期对于生活在美国温带地区的人们而言,这是一项陌生的运动项目。但随着加利福尼亚、佛罗里达和得克萨斯等地区设立了联盟俱乐部以后,那里的人们很快就认识并爱上了这项运动。

一、冰球历史

早在两三百年前,全世界就拥有了不同方式的冰面球类游戏,如荷兰的"科尔芬"、俄罗斯的冰上曲棍球及我国的冰面蹴鞠等。那时候国家的社会形态、经济状况、民族特色以及人民生活习惯等方面均存在差异,这种初期的冰球类游戏也就有了不同的特性。"Hockey"一词源于法语,即牧羊人用的弯拐棍。有些人提出冰球是源于北美地区易洛魁印第安人的一种击球游戏。

现代冰球运动起源于加拿大,在加拿大的英国留学生 W·F. 罗伯逊,很擅长溜冰,他把在英国掌握的曲棍球移到冰面去,并融合"拉克罗斯球"的特点,于 1783 年创造了新式冰上运动——冰球。据资料记载,早在 1855 年,每当冬天来临,加拿大金斯顿(Kingston)地区一些体育爱好者常聚集在冰面上,手拿曲棍,脚底绑着冰刀,互相追逐击打用木制材料做成的球。初期加拿大的冰球赛事是没有统一规则的,赛事缺乏严格的组织。参加比赛的总数不限,最多时每组可达 30 人,场面十分混乱。裁判员可由选手选择并随意进行更换。

1875 年 3 月,在一位名叫克莱·格汤布的冰球爱好者的倡导下,在蒙特利尔的维多利亚(Victoria)冰场举行了世界首场正式的冰球比赛。1879 年,蒙特利尔麦吉尔大学(McGill)的罗伯逊(Robertson)教授和史密斯(Smith)教授共同制定了一份正式的比赛规则,将比赛人数限定为每队 9 人。1885 年,蒙特利尔的一些冰球爱好者自发组织起"加拿大业余冰球协会",并将参赛人数由每队 9 人改为 7 人,最后又改为 6 人。与此同时,金斯顿和安大略的第一个业余冰球团体也宣告成立。

19 世纪 90 年代,冰球运动席卷加拿大、美国多地,冰球团体和冰球俱乐部如雨后春笋般地纷纷涌现,直达西海岸。1892 年,为奖励冰球比赛的优胜者,斯坦利勋爵购置了一个银制奖杯。就是这个银杯,后来成为北美国家冰球联盟 National Hockey League(NHL)争夺的最高奖项。1893 年,首届"斯坦利杯赛"的冠军被蒙特利尔业余体育协会俱乐部摘得。1894 年,加拿大冰球运动员第一次有组织地赴美表演。1896 年,美国第一个冰球团体在纽约成立。

1916 年,在美国俄亥俄州北部的克利夫兰(Cleveland)举行了美国和加拿大共同参与的"首届国际女子冰球赛"。1920 年,冰球作为正式项目被纳入第七届奥运会,大大推动了世界冰球运动的发展。来自加拿大、美国、瑞典、捷克斯洛伐克、瑞士、比利时、法国 7 个国家的冰球运动员参加了第七届奥运会的冰球比赛。当时,在"班迪"[①]基础上发展起来的欧洲冰球运动,在打法上同北美存在较大的差距,这次比赛结果欧洲各队都以较悬殊的比分输

---

① 班迪,即班迪球(Bandy)的简称,多指俄罗斯冰球。

给了加拿大队和美国队。后来这次比赛被追认为第一届世界冰球锦标赛。

二、美国冰球的发展

(一) 良好的前期基础

尽管冰球是一项很好的健身运动,但时节气候限定了它的发展。自从有了人工制冷冰场,不仅改善了训练条件和标准,也为无冰国家提供了开展冰球运动健身的可能。现阶段冰球运动已遍布多个国家和地区,由于所在地理位置、发展等"先天条件"的不同,冰球运动的发展也呈现不平衡态势。美国依托先天的地理优势、良好的训练条件和俱乐部运营模式等优势,冰球运动普及和发展的速度较快。

美国有着比大多数国家更得天独厚的先天优势和场地条件,这一优势带来了运动练习优势和运动员实力长期领先的优势,并在这种优势下形成了冰球运动发展的良性循环。冰球的最大观赏点就是速度和高速度下对身体和球的控制力。运动员精彩的表现带来的观赏性,引发观众对冰球的狂热,促使其成为喜闻乐见的运动。冰球运动融合了其他所有运动的特点:人的运动和球的运动都是高速的,还外加自由搏击。

冰球运动是快节奏、高对抗性的冰上集体新项目。随着冰球运动的快速发展,许多组织相继问世。国际冰球联合会①(The International Ice Hockey Federation,IIHF,简称国际冰联) 是国际冰球事务的正式官方协会组织。其职责主要是组织开展国际冰球竞赛、教育等相关活动,并确定成员国国际冰联世界排名。而作为美国的四大球之一,冰球的发展具有鲜明的民族特色。

(二) 美国职业冰球的发展

冰球运动起源于寒冷的加拿大,可以说是北美陆地土生土长的孩子。长期以来冰球一直在美国北部地区受到广泛追捧,后来是随着其不断发展和联

---

① 经比利时、英国、法国、瑞士和波希米亚等国倡议,国际冰球联合会于 1908 年 3 月 15 日在巴黎成立,现有协会会员 68 个。

盟俱乐部的设立,中部地区的人们才逐步接受了这项运动。

提到美国冰球运动的发展历史,不得不细数其职业冰球发展历程。国家冰球联盟①(NHL)是一个由北美冰球队伍组成的职业运动联盟,也是全世界顶级的职业冰球比赛,为北美四大职业运动之一。至今它仍然是主要联盟之一。

直到 1909 年在加拿大东部地区成立国家冰球联盟(NHL),1911 年创立太平洋海岸联盟之后,球队遍布加拿大和美国,职业冰球才慢慢传播开来。

1903 年美国密歇根州波蒂湖冰球队诞生,这是世界上第一个职业冰球队。在 20 世纪二三十年代,联盟经历了一系列扩张。1967 年是 NHL 扩张最快的一年,西部冰球联盟②(Western Hockey League)的崛起促使 NHL 经历了自 20 世纪 20 年代以来的另一次扩张。1995 年之前,NHL 在美国和加拿大已经有 26 支球队,经过一系列的扩展之后,现共有 31 支球队,其中 24 支球队在美国,7 支球队在加拿大。

三、美国冰球的发展原因

(一)发展条件

美国部分地区处于高纬度地带,位于美洲北部,西临太平洋,东濒大西洋,北部河流每到冬季便结冰,形成了天然冰场,是大型户外运动的绝佳场地。除了得天独厚的气候条件,政府在这方面也是大力支持,斥资建设了一些冰球场馆供人们使用。在冰球运动设施的基础建设上,政府也会开放一定的室内冰场供市民免费使用,这促使了更多人参与到冰球运动中来。

冰球运动有一定的普及率,不同年龄层次的人只要有兴趣都可以在冬天

---

① National Hockey League,北美冰球职业联盟,简称为国家冰球联盟,是全世界最高水平的职业冰球比赛。国家冰球联盟于 1917 年成立时共有 5 支队伍,现已发展为 31 支,其中 24 支为美国队伍,7 支为加拿大队伍。

② 西部联盟(Western Conference)是美国国家冰球联盟(NHL)的两个联盟之一。联盟由 15 支队伍构成,分成中部、太平洋 2 个分区,中部分区有 7 支队伍,太平洋分区有 8 支队伍。

到冰场参与不同级别的练习。除了政府,美国很多企业也相当支持冰球运动的发展。很多企业都投资冰球产业,这不仅提高了企业曝光率和口碑,还促进了冰球运动在美国的普及。也正是因为这些企业的赞助,许多青少年球队得以健康运营并且不断培养新的人才。在冰球运动发展的过程中,培养后备力量是必不可少的环节。孩子打冰球是为了快乐,孩子们享受运动中的快乐对于体育精神的培养起到事半功倍的效果。冰球运动更是一种生活和社交方式,很多孩子是为了融入周围同伴和交往而加入各个冰球俱乐部。孩子们每周因为训练和比赛而结下了深厚的情谊。最重要的是,美国人认为冰球运动是很好的集体运动,团队协作摆在首位。在学习打球第一天就学习团队精神与配合,培养互动互助的精神,学会为了球队的荣誉牺牲自己表现的机会,让孩子们更早地去体会相互合作的感悟。冰球运动被认为是一种战争,运动员要具备拼搏、勇敢、顽强的精神实质。

(二) 发展模式

冰球的职业化发展带来一定的经济效益。与美国另外几大球类运动相比,冰球明显经济效益差一些,但是有巨大的潜力。

首先冰球运动场地为标准冰球场地,最大规格为长 61 米,宽 30 米;最小规格为长 26 米,宽 15 米;四角圆弧的半径约为 8 米。从数据来看,很显然其场地较大,其观众坐席容纳率与篮球相似。上座率达到满意的数字,经济收益也是很可观的。提高经济同样离不开媒体的作用。很长一段时间,美国的两大电视广播网集团——CBS 和 NBC 对于转播 NHL 的比赛合约一直是持摇摆不定的态度,直到 20 世纪 80 年代才签订合约。尽管电视机很可能不能给 NHL 带来像橄榄球和棒球那般多的收入,但是它在 NHL 这个相对性较少的收入总额中还是占据着非常关键的分量。美国的职业冰球俱乐部还非常注重依靠新闻媒体的力量来传播冰球的相关基本信息,以此来扩大影响力。此外,还务必提一下 NHL 球队电视收入的另外三个来源。一个是球队与电视公司之间的协议,一般是本地的有线数字电视。在某些地区,通常是和 NBA 篮球赛一起打包卖给观众们的,是非常好的整合营销的典范。第二收入来源于加拿大广播电视公司播出的每周的节目"加拿大冰球"。这档节目转播的赛事具有较高的收视率。第三便是加拿大体育网在加拿大通过有线电视播出的赛事,它们以类似美国 ESPN 的模式进行操作,实现了经济收益与影响力的双提高。

除参加北美冰球联赛,美国很多冰球俱乐部还经常举办各种与之相关的体育、娱乐、慈善活动,每年参与人数多达数百万之多。部分冰球俱乐部为推动冰球事业的发展与国际化交流,还在国内外建立了多个分支办事处,致力推广冰球俱乐部经验,并且吸收其他国家和地区在冰球技术发展、赛事经营管理、技术交流培训等方面的成功经验。

此外,相对完善的赛事与票务经营管理也使得各财政收入稳步上升,保证了合作伙伴的利益。

俱乐部的私有化与商业化经营模式是相辅相成的。职业冰球俱乐部是以盈利为经营宗旨的,其主导思想也是以冰球职业联赛、国际国内重大赛事为中心。俱乐部依托北美冰球职业联、国际国内重大赛事,引进、培养高水平职业明星球员、优秀教练员和经营管理服务人员,既可借助比赛成绩、明星效应等来宣传经营,同时又借助新闻媒体对冰球赛事的关注与报道,巩固自己的消费者群体,实现了冰球运动价值资源利用的最大化,从而实现俱乐部经济效益的增长。

(三)冰球文化的发展

积极主动推崇冰球文化也是经营冰球运动发展模式的特色。以纽约长岛俱乐部冰球为例,其冰球文化理念是"宣传冰球运动、树立冰球品牌形象、引进他国经验、沟通内外信息、开展多种服务"。举办冰球赛事、培训高层次优秀人才,推动冰球运动的发展。俱乐部会通过交流、培训与比赛等机会,促进冰球运动的发展、推进冰球项目的普及。美国非常注重对年轻人的培养,美国最出名的"美国全国大学体育协会"颁布了一套完整的培养模式,其中,少儿阶段根据专业技术水平划分为四个层级;青少年阶段也有几个联盟,第一层等级是金字塔顶端的中西部地区的美国冰球联盟,这个层级的孩子日后很多成了 NHL 的优秀运动员;第二人才梯队是美国西部的北美冰球联盟 North American Hockey League(简称 NAHL);第三梯队则是分布在全国各地的地区性联赛中。大学阶段也会按照各校在体育上的投入和实力将他们分为一、二、三等几个级别。正是这些较为规范的层级划分和层级匹配,使得冰球在美国迅速普及。

四、我国冰球运动的思考

通过对美国冰球运动的研究与探讨,为促进我国冰球运动的快速发展提供哪些参考依据及参考借鉴呢?

冰球运动自 20 世纪 50 年代被引入我国,在我国经历了初起、辉煌、低谷和提高阶段,当前我国冰球发展过程中面临着诸多问题,如储备人才不足、缺乏资金支持、场地设施有限等问题。不只是冰球,我国冬季项目整体来说与夏季项目存在一定差距,如何突围拓展出新招法、新出路是需要我们深思的问题。

(一) 时代战略

我国成功申办 2008 年奥运会是历史性的跨越,更是在 2008 年向全世界展示了中国由体育大国向体育强国的迈进。冬、夏项目的失衡已成为向体育强国迈进的障碍。2009 年哈尔滨世界大冬会及 2010 年温哥华冬奥会后,滑冰、冰壶、冰球等运动在我国悄然复兴,国民开始重新关注冰上运动。

新时代,党的十九大赋予了冰雪运动新要求和新任务。2015 年,我国成功申办 2022 年冬奥会,成为历史上唯一举办夏季和冬季奥林匹克运动会的城市。习近平总书记在北京考察冬奥会、冬残奥会筹办工作时强调,要坚定信心、奋发有为、精益求精、战胜困难,指出体育强国的基础在群众体育。发展体育运动,增强人民体质是我国体育工作的根本任务。我们一定能借助 2022 年冬奥会的契机突破自我、展现自我,为我国冰球产业的可持续发展提供不竭动力。

（二）未来展望

紧抓时代战略,加大政策支持。在世界快速发展的今天,冬奥会与"一带一路"倡议为我国冰雪运动突破自我、展现自我提供了契机,我国冰球运动应抓住时代机遇,加快脚步,推动体育强国建设。近年来,国家各相关部门颁布了一系列有关冰雪运动的政策文件,这为中外冰球合作提供了重要保障,比如《冰雪运动发展规划(2016—2025 年)》等。

加强后备人才培养。俱乐部模式在我国开始于 20 世纪 90 年代中期,在市场经济的带动下,许多项目和赛事开始步入职业化道路,商业化俱乐部模式慢慢建立。实践证明,我国冰球后备人才培养首要是实现体育、教育与社会系统培养的融合。这需要国家的支持、相关部门的积极引导、冰雪运动的大力提倡,以及继续完善大、中、小学冰雪运动课程建设等共同搭建,综合培养优势。我们要以 2022 年冬奥会为契机,不断完善我国冰球运动的发展,为推动体育强国的建设不懈努力。

第四章　美国学校体育文化

第一节　美国体育文化的发展

一、美国体育文化的发展

(一) 美国社会的发展

1. 美国文化的发展

体育文化作为美国文化的一部分,起着十分重要的作用,体育文化在美国的发展离不开美国文化大环境的支持,二者是相辅相成、互相依托的,所以要研究体育文化在美国的发展,就必须研究美国文化的发展以及美国文化形成的背景。在美洲大陆被发现的最早阶段,欧洲人最早在美洲大陆繁衍生息,文化来源于生活,所以美洲大陆保留了很多欧洲人的生活文化传统。美国文化的多元化在于融合特色,由于建国时间较短,美国文化的发展依托了其他国家的特色,多种多样的文化资源为美国发展多元文化打下了深厚的基础。

2. 美国的文化主义

英国的盎格鲁-萨克逊文化传统曾作为美国文化的主流,随着社会的发展逐渐被清教主义文化替代。清教主义文化是在美洲大陆的生存环境和社会条件的共同作用下形成的,人们受清教主义文化的影响较深,普遍认为:"个人是上帝的选民,承担着神圣的使命。"在这种文化思想的灌输下,美国人逐渐形成了唯我独尊的精神信条,同时他们拼搏进取,不断提升自己。美国的当代文化背景受清教主义文化的熏陶,这一点如同历史学家贾斯丁所说的,要研究美国的历史文化,必须研究清教主义文化。^① 在清教主义文化影响下,美国文化逐渐形成了两大主题:个人主义和自由主义。个人主义倡导以公民的合法权益为主,突出公民的个人价值,尊重个人想法和选择,任何制度和政策的制定首先考虑人。自由主义提倡发展公民的自由权利,自由参与、自由竞争、自由发展,不要拘束个人的行为和思想。个人主义和自由主义作为美国文化的两大特征一直影响美国人的信仰和行为,这种尊重个人又提倡自由的文化环境也为很多国家熟知,这种文化根深蒂固,凸显出美国多元文化的融合。美国体育文化的形成也是在个人主义和自由主义特征的影响下逐步形成和发展起来的,并赋予美国体育活动自由发展的空间。提倡竞争,崇尚个人表现,美国的体育文化基于本土独特的文化背景而发展形成。

(二)美国社会与体育文化的关系

1. 美国的体育运动

美国的历史一般来说是开始于英国在北美建立的殖民地,从 1607 年英国在北美弗吉尼亚建立第一个殖民地开始,到 1776 年美国宣布独立为合众国。美国人开拓疆土建立家园和国土,培养起了勇猛好斗的牛仔精神,那时流行起的拳击、搏击、赛马等体育项目延续至今且全民参与,这使得全民体育成为美国人生活中最重要的一部分,也成为美国人代代相传的体育元素,经过两百余年的沉淀与积累,美国职业体育发展了橄榄球、棒球、篮球、冰球四大项目,这也成为美国受众最多的体育项目。

2. 美国的移民历史

美国是一个由各国移民共同组成的国家,移民来自不同的国家、具有不

---

① 王佳.美国体育文化内涵及对我国的启示[J].体育文化导刊,2017(1):202-206.

同的文化背景、不同的民族底蕴、不同的风俗习惯、不同的人文信仰,各国移民为这片新生土地带来了丰富的文化遗产。美国大熔炉中以各种文化冲突为燃料加以熔合、提炼,试图创造出一种新的文化,但同时又保持个性,这便为美国多元文化奠定了基础。美国文化的多元背景使人们具有独立、进取、改革、民主的精神。[①]

3. 美国的体育特色与移民文化的关系

在美国多元文化背景中,美国社会与体育文化是如何和谐发展的一直是人们关注的焦点。首先,必须分析什么是体育。美国科罗拉多大学学者 Jay Coakley 认为,体育的一大特点在于竞争性,它包含严格的体力活动或是由参与者内在、外在所激发出的一种相对复杂的体育技能的运用。首先,他认为体育是一种体力活动;其次,体育是具有竞争性的活动;最后,体育是制度化的活动。体育的制度化主要体现在以下几个方面:第一,活动的规则要达到标准;第二,官方管理部门监督规则的实施;第三,突出活动组织和技术方面的重要性;第四,比赛技能的学习要正规化。当今体育文化普遍被认作是一种社会意识形态,包含延续下来的规则、习惯以及观念,为了维持文化的相对稳定性,在延续过程中具有一定的稳定性、传承性和创造性。

美国早期移民主要来自欧洲,欧洲移民带去了欧洲文化,故此,美国文化被赋予了欧洲文化气息。随着各国移民的涌入,文化发展从相互冲突转而趋于相互融合,形成具有包容特征的美国文化。在新生文化背景下,美国社会中的体育文化也随之发展起来。19 世纪初期,对于美国人来说体育自身不具备明显的价值,更不必说在提升个人品格以及社会道德甚至是身体健康方面所发挥的作用。19 世纪中期,人们对待体育的态度有所改变,把体育视为教育与品格塑造的工具。[②] 美国作为一个具有移民背景的国家,文化传统缺乏坚固而深远的根基,为了提升自身的经济与社会地位,体育无疑成为他们

① 黄卓. 美、英、法、日 4 国体育文化软实力发展模式及启示[J]. 武汉体育学院学报,2014(8):46-51.
② 舒盛芳,沈建华,郑雅来. 美国体育软实力的优势、影响及其启示[J]. 上海体育学院学报,2008,32(6):32-35.

的最佳选择。当时体育也被看作是训练男子保卫国家的有效途径。20世纪初期,大量的闲暇时间充斥着美国人的生活,与电影、夜总会、读书以及其他的娱乐方式相比,体育运动以强大的号召力成为美国人休闲娱乐的最佳选择。同时,体育商品的生产与销售已成为国家经济的固定组成部分。联邦政府为体育提供大量的物质保障,目的在于帮助公民以分享室外乐趣的方式去实现他们的抱负,这也成为美国文化中改革性发展的一部分。[①]

4. 体育在美国的社会地位

美国人是全世界体育的头号消费者。国家体育投资的增长平行于世界产业实力的增长。企业家一直并长期影响着美国的政治与教育系统,企业家要求员工具有忠诚、有竞争力以及团队意识等品质,在一定程度上这种企业思想也影响着教育领域,学校把体育放在非常重要的位置,而企业道德伦理中所要求的忠诚、竞争力、团队合作意识等品质也包含在学校的道德要求中。在美国文化中,体育是无与伦比的、巨大的娱乐资源,它拥有着任意消费的优先权。而在美国学校系统中,体育扮演着重要的角色。它被公认为教育的协助者,有义务去提供方向、提供指导,以极大限度挖掘潜力并促进学生自身成长。可以看出,国家对体育的重视影响社会各个领域,从而巩固了体育在美国社会中的地位。

二、美国学校与体育文化的关系分析

(一)体育在美国学校中的发展历程

早期移民者以打猎、捕鱼、种植谷物来维持生活的基本需要。19世纪中期,娱乐活动被视作一种商业形式,玩乐的观念作为整个生活的一部分很难被人们接受。这一观念导致20世纪初将具有娱乐成分的活动纳入学校课程时受到了质疑。1899年,在美国举行的国际体育训练大会上,体育融入学校课程的必要性被写进了报告进行了阐述。体育被看成是对儿童和学生有益

---

① 彭崴,罗亚娟.美国体育思想的嬗变与启示[J].体育与科学,2015,36(3):45-49.

的一种消遣方式和系统的体操运动。20世纪初,教育者强调了体育的价值,赋予体育新观念:参与体育、游戏将引导青年人成为好公民,在参与中历练团队合作、良好的体育道德精神,学校也开始重视体育在课程中的作用。研究表明:特别在大城市里,大众行为对增强民主化起到相当大的作用。关于美国高校中体育的研究明显多于小学和中学,在大多数高校里面,学校领导允许竞技体育的开展,这些活动的开展同时也提升了教师的教学。

但是体育在学校中的发展并非一帆风顺,在不断变化的文化条件下,体育遭到社会的质疑,不惜一切代价、过度地追求获胜率,商业化思想严重,职业化和体育赌博趋势加重,这些错误的走向招致了社会的谩骂。① 然而大学内部的竞争仍然为公众展现出一个正面的姿态,在美国体育文化中学校仍然扮演着不可替代的角色。但在美国学校体育发展的过程中也存在一些不足:其一,很多教育者不是特别愿意接受体育作为学校计划的组成部分;其二,课程的时间安排、教室的大小以及体育设施不能与体育教学计划相匹配。由此,体育锻炼作为教学计划中的一种形式而存在,而没有得到真正的实施。从20世纪初到第一次世界大战期间,在学校体育教育中仅有少量体育计划包含其中。有资料显示,1913年,密歇根州和俄亥俄州在体育教育领域占据领导地位,是校内运动的领航者,并在运动场上和战争训练营中赢得双利,这一成功的实践经验让其他组织者意识到这其中的价值。第一次世界大战期间,随着男子体育运动在高校中的发展,也牵引了女子体育运动进入高校。从那时开始,团队活动正式成为教育计划中的合法部分,并受到了学校领导的关注。随着第二次世界大战的来临,人们把体育的价值与军队的士气结合起来,教育者把注意力转移到这方面,从而在课堂计划和竞争计划中渗透这种思想,因此产生了两种观点:一种观点坚持身体素质是入伍的先决条件,应加强男性学生的身体素质,以备不时之需;另一种观点认为不应该抛弃体育参与的内在价值。尽管存在众多疑惑和争执,尽管体育被赋予了战争的性质,体育仍然占据重要的一席之地。第二次世界大战的结束带来了严重的回弹现象,入伍服役的运动员是否有资格进入高校学习以及政府为退伍人员提

① 郝勤.论体育与体育文化[J].上海体育学院学报,2012(3):3-6.

供财政资助等问题,成为战后高校所面临的严重问题。1950 年到 1951 年,出现的篮球赌博丑闻引起了球迷对学校体育的反感和愤怒,一些腐败肮脏行为发生在运动员身上,社会压力随之而来。这次事件也引起了美国国会的高度关注,致使委员会采取应急措施加以控制,教育界开始对此有所反思,如何加强控制和管理成为首要的问题。[①] 纵观美国学校的体育发展历程,可以看出,体育从不被人接受到被人推崇,经历了战争的洗礼,经历了各种风波和改革,在现象中进行反思,在不断反思中一步步寻找自身的生存价值,确立了稳定的地位。

(二) 竞技体育在美国学校的发展历程

19 世纪末,高校体育竞技运动横扫美国,遍及美国主要的公立和私立中学,一些中学的体育管理者意识到,体育计划需要保持自身的多变性以适应变化的社会,如校际比赛、训练阶段、参与人数、体育药检以及中学运动员的升学问题等。因此,保证体育计划的有效实施,既需要制度的保障,也需要有不断变化的措施。1903 年,在教育部的批准下,美国成立了纽约公立学校体育联合会。该联合会不是教育部的隶属单位,而是一个分离的机构,主要掌管纽约市公立学校的体育训练。1907 年,棒球运动一度流行起来,有 106 支队伍参加比赛,其中观看决赛的观众达到 1.5 万人。联合会计划之所以能够顺利实施,是因为有社会的资助(主要来自成员的会费和社会公民的赞助)。1922 年,国家联邦高中体育联合会成立,44 个州加入其中成为会员。为了促进体育联盟和体育竞技的良性发展,该联合会对成员组织予以大力支持,严格管理管控全国冠军淘汰赛、锦标赛以及常规比赛,使比赛所遵循的规章制度完全符合国家政策法规。

随后中学和高校体育经历了一次变革,遭到了学者的反对,特别是橄榄球比赛中的灾祸和严重的伤亡,加重了人们对于体育行为的反感和愤怒。1905 年,美国第 26 任总统西奥多·罗斯福在白宫组织召开了橄榄球会议,其中有许多人支持立即废除橄榄球运动,也有保守派人士认为可以消除一些

---

① 邹媛.美国高校体育文化中的品格教育渗透[D].西南大学,2012.

大型的比赛和减少一些粗鲁行为以促进该项运动的进步。该会议也进一步推动了美国大学体育联合会的成立,在遵守联合会制度的前提下,放宽了对成员组织的管理。在 20 世纪初的十年间,无论校内还是校外,女性参与体育的机会都在逐年增多,学校的体育计划不再局限于男性计划。同时出现了校内体育活动增加的趋势,在没有体育教育管理者的协助下,一些高校建立了以班级为单位的体育队,或是一些兄弟会,这些都显示出参与体育的人群在不断扩大,继而回应了那些批判体育参与度小的批判声。

20 世纪中期,随着交通与通信事业的发展,体育市场逐渐壮大起来,校际体育运动不再局限于小区域范围内,体育的影响力大大增强。高等教育也随之受到广泛的关注,持续增长的财政投入流向了高等教育。竞技体育的发展在美国高校中有着悠久的历史,最早的校际体育竞赛可追溯到 1852 年哈佛大学与耶鲁大学的划船比赛。随着 1906 年美国大学体育联合会(NCCA)的成立,旗下的各大联盟的比赛充斥着美国高校,体育文化在社会、学校、家庭三个层面中生根发芽。

(三) 体育在美国学校中的角色扮演

在美国学校系统中,体育扮演着重要的角色;而关于美国体育文化的研究又给予学校充足的空间,来加以重点研究。这是因为,学校是培养青年人体育兴趣和习惯的训练场所,也是聚集大多数人群运动和娱乐的地方,不可否认的是学校的体育活动成为社区娱乐生活的重要组成部分,这就使美国学校在美国体育生活中占有重要地位。体育被公认为教育的协助者,有义务去提供方向、提供指导,以及最大限度地挖掘潜力并促进学生的成长。在美国高等教育中,体育发展沿袭着相同的发展模式。早期的体育融入,没有考虑到美国早期高等教育的特殊形式即宗教性。[①] 教育根植于宗教之中,体育发展得不到充足的养料,毫无施展之地。19 世纪末,大学校长们的态度有所改变并逐渐意识到,在学校教育中体育能为学校创收的同时,还能通过其影响力提高学校的品牌效应,从而得到财政援助。

---

① 郝勤. 论体育与体育文化[J]. 上海体育学院学报,2012(3):3-6.

　　体育在美国是一种教育方式和教育手段,美国普遍认为,良好的教育活动需要体育活动的良好参与。从美国文化的发展历程来看,从早期的自由式放任文化到现今的实用主义文化,体育在美国的发展历程中扮演了重要的教育角色,竞争是体育运动的核心概念。基于竞技特征,体育在时刻教育人们勇敢地面对挑战,永不退缩,坚强乐观地面对困难。美国作为多民族融合发展的国家,文化间的交流碰撞繁多,正是不同文化与习惯的交融发展,奠定了美国现今实用主义的文化色彩。

　　人们在社会中生存、进步带有一定的社会责任,承担着一定的社会身份,人与人之间的竞争与摩擦要形成良性的发展也需要体育色彩的融入,体育教导人们形成良性的竞争意识,为适应社会的挑战,培养人们正向的合作精神,加强团队协作的能力。尤其是在团体体育运动项目中,这种协作意识更为重要,所以说,体育在引导人们加强合作、学会合作,由此来适应社会的挑战。美国的父母在教育孩子时,也重视孩子合作能力的培养,鼓励孩子的自我表现,更鼓励孩子加强团队配合,由此促进人与人之间的沟通与交流。

三、美国青年运动在美国体育文化中的作用

　　青年运动是美国众多体育计划中的一种,意在对美国儿童和青少年进行系统性的训练和比赛。青年运动计划分为六种类型,分别是:机构资助计划、国家青年服务组织、俱乐部体育、娱乐性计划、校内计划以及校际计划。其中四个属于社区型,另外两个属于学校型。大多数体育计划为青年提供了竞争经验。

　　在青年发展计划中,体育竞技的作用尤为突显。在美国社会,人们普遍认为竞争特别是体育竞争对年轻一代的发展起到助推作用,参与体育活动对品格的发展起到辅助作用,让青年在理解规则的基础上,体会体育精神、合作精神、自我约束和认同感。竞争让运动员学会如何处理成功与失败的关系,在体会中辨别是非。运动社会学家 Coakley 认为,体育参与对青年体育参与

者在个人发展方面起到作用,但不是对团队中每个成员的道德修养都起到作用。① 发展年轻人道德价值取决于成年人的领导质量、组织哲学和家长对价值观的强化。同时,体育竞技也有以下几个益处:学习体育技能、健身中的鉴赏、培养归属感、加强社会技能的发展以及在休闲中获取体育技能等。美国青年运动计划的内容和实施形式重在身心的协调发展,培养出身体强壮、意志坚定、心理健康、品格良好的公民。在青年参与计划的过程中,充分感悟实践,将具有美国特色的思想寓于其中,加强美国青年的归属感和自豪感。深入挖掘体育文化的价值,着力发展青少年体育运动,为美国体育文化的持续发展提供了养料。

第二节　美国高校与体育文化

一、美国体育教育

"历史不仅是连接过去和现在的桥梁,它还可以指引未来。"②他山之石,可以攻玉。我们可以通过对美国一流体育大学和一流体育学科发展经验的学习和借鉴,获得有利于我国体育教育和体育事业发展的启示。

(一) 美国高等体育教育

美国高等体育教育经过上百年的发展,经验较为丰富,值得我们学习和借鉴的原因主要体现在以下几个方面。

其一,美国作为世界体育强国和高等教育强国,其高等体育教育发展水平一直名列世界前茅。在一百多年的发展历程中,美国高等体育教育的发展取得了令人瞩目的成绩,为美国经济社会的发展作出了巨大的贡献,为体育行业培养了众多优秀和卓越的体育专业人才,值得我们去挖掘和探索,其可

---

① 王佳. 美国体育文化内涵及对我国的启示[J]. 体育文化导刊,2017(1):202-206.

② Allan N. *The Gateway to History*[M]. New York:Doubleday and Company,Inc.,1962.

以作为成功的范例供我们学习和借鉴。

其二,美国高等体育教育在发展过程中已经形成了比较完善的高等体育教育体系,建立了极具特色的高等体育教育发展模式。美国高等体育教育从最初受国外体系的影响,逐渐发展为具有美国特色的体育教育,并且随着时代的变迁而日益强大,不仅在办学质量上有了大幅度提升,而且在办学规模上实现了历史性的跨越,到现在美国体育学专业办学机构已有八百多所,体育学专业已经成为美国大学中学生人数最多的专业之一。但是,任何成功的教育体系和发展模式的形成都不是一蹴而就的,而是在办学实践中日积月累、不断调整和适应社会发展的结果。同样,美国高等体育教育的发展历程也并非一帆风顺,它也面临过荣枯兴衰的发展困境,经历过蜿蜒曲折的演变历程。以史为鉴,通过对美国高等体育教育发展过程的多维分析,我们可以学习它的发展经验,从而为中国高等体育教育的发展和改革提供可借鉴的国际性参照体系。也可以从美国高等体育教育的发展历程中获得有益的经验和启示,从其曾经的曲折历程中汲取失败的教训,为我国体育教育和体育文化的高水平发展提供帮助。

因此,我们从历史的角度对美国高等体育教育的发展进行研究,深入探析美国高等体育教育发展的演变进程,横向分析每个历史分期美国高等体育教育办学机构、培养目标、入学要求、专业设置、课程设置、师资情况和学生情况等发展情况[①],纵向追踪其中发生的变化,归纳其流变特征,发掘影响美国高等体育教育发展的因素,总结美国高等体育教育发展的经验和教训,从而为我国高等体育教育的发展提供有益的启示和补充。

1. 高等体育教育的概念

高等教育较为权威的定义是由联合国教科文组织给出的定义:"高等教育是指大学、文学院、理工学院和师范学院等机构所提供的各种类型的教育,其基本入学条件为完成中等教育,一般入学年龄为 18 岁,学完课程后授予学位、文凭或证书,作为完成高等学业的证明。"[②]我国的《教育大辞典》将"高等

---

① 沈晶. 美国高等体育教育发展历程研究[D]. 北京体育大学,2020.
② 卢晓中. 高等教育:概念的发展及认识[J]. 高教探索,2001(3):60-63.

教育"界定为:"中等教育以上程度的各种专业教育及少量高等教育机构设置的一般教育课程计划所提供的教育。"①

由此可知,高等教育一般是指完成中等教育后,进入高等教育办学机构,完成相应的课程后授予学位、文凭或证书,为培养专门性的高级人才所进行的教育,也称为"中学后教育"。根据以上高等教育的定义,高等体育教育的定义则为:"为培养体育领域的专门性高级人才所进行的高等教育,在完成了体育专业教育相应的课程后授予学位、文凭或证书。"美国培养体育专业人才的高等院校办学机构主要为各类大学的体育院系或(和)体育学相关的专业。

2. 美国高等体育教育名称的演变

与中国较为统一的"体育"称谓不同,美国体育专业的名称术语多种多样,不仅体现在同一时期名称的多样化,在不同时期其名称也有所不同,而这种名称的多样性和变化性往往较易造起理解上的偏差和混淆。为了对美国高等体育教育的发展历程有更清晰准确的理解,也使得美国高等体育教育发展历程更加清晰,本书对美国体育专业名称和术语发展变化进行梳理,厘清这些名称上的变化。美国高等体育教育的萌芽时期,体育的名称术语为"体操"(gymnastics),这里的"体操"并非现在具体的体操运动项目,而是指在体育馆内进行的锻炼或活动。体育意味着各种不同形式的"体操",体育教师也被称作体操教师。

在1900年前,除了"体操"一词,"体育"的其他代名词还包括"体育文化"(physical culture)、"身体训练"(physical training)等。其中,"体育文化"是指与身体活动有关的文化,在古典文学在高等教育中占主导地位的时期,较流行使用"文化"一词,除了"体育文化",还有社会文化、宗教文化和知识文化等。② 随着时代的发展,人们慢慢发现"体操""体育文化"等都具有概念范围上的局限性,而"身体训练"又与"军事训练"的概念相混淆,因此这些术

---

① 顾明远.教育大辞典[M].上海:上海教育出版社,1990:71.

② Ojeme EO. *Has the Name, Physical Education, Outlived its Usefulness?* [J]. Physical Educator,1984,41(4):190-194.

语延续到 20 世纪初便渐渐消失了。"体育教育"（physical education）这一术语直到 1893 年才开始被一些体育教育部门使用，1906 年前还是处于被缓慢使用的状态，从 1906 年到 1926 年，"体育教育"术语的使用发展迅速，一些大学基本都使用了"体育教育"这一术语。到 20 世纪 20 年代，"体育教育"已成为公认的术语。有学者认为"体育教育"之所以被如此广泛地使用，是因为这个词中包含了"教育"，体育对教育有重要的贡献作用，可以通过体育活动实施教育的功能。[①]

第一次世界大战后，美国对学生的健康（health）和身体素质（physical fitness）给予了极大的关注。因为战前的身体检查发现，美国青年中有三分之一的兵役征召者不满足服兵役的要求，而另外三分之一的人在身体上也有病态缺陷。因此，教育和医学领域的专家们呼吁通过国家立法，强制公立学校进行健康教育和体育教学。于是在 1930 年有多达 39 个州颁布了体育教育立法，并将"体育教育"的称谓改为"健康和体育教育"（health and physical education），增加了"健康"的术语。

到 20 世纪后半叶，随着体育科学化的发展，体育领域开始出现各类"运动科学"的名称和术语，如"运动科学"（sport science）、"训练科学"（exercise science）、"运动科学"（movement science）等，"体育教育"逐渐向"训练和运动科学"转变。另外，在这段时期里，其他的名称如"运动"（sport）、"人类表现"（human performance）、"人类动力学"（human kinetics）、"运动机能学"（kinesiology）、"娱乐"（recreation）、"休闲研究"（leisure studies）等术语或它们的组合也逐渐出现，而"体育教育"的使用频率呈现下降的趋势。总体来讲，这段时期体育专业的术语名称呈现出分歧化的状态。

随着体育学科的继续发展，体育专业的范畴已不局限于体育教育领域，还扩展到了运动生理、生物力学、运动心理学、体育社会学等众多学科领域。因此，很多教育家认为"体育教育"这个名称过于狭隘，已经不能准确描述整个体育领域了。到了 20 世纪 80 年代，有一百多个不同的名称被作为体育领

---

① Willgoose CE. *The curriculum in physical education*［M］. New Jersey ：Prentice‐Hall，1969.

域的代名词来使用,而关于高等体育教育(physical education in higher educa-
tion)的名称也有了很多的讨论。虽然大多数人对"体育教育"不太接受,但
还是没有就统一的名称达成共识。之后,州立法机构对"体育教育"这个名
称产生了较大的影响,在德克萨斯州和科罗拉多州,州立法机构通过了法律,
要求教师教育专业的名称中不包括"教育"一词①。这一改变虽然不是专门
针对体育教育的,但也说明美国社会当时普遍缺乏对教师教育专业的尊重。
在这一政策的影响下,体育教育这一名称将不能用来称呼这些州的相关学术
部门。随后,体育教育专业中最常见的名称便被转换为运动机能学、训练科
学、运动科学等,以及其他各种包含训练、运动、科学、研究和人类表现的组合
名称。体育教育专业的名称变得多样化,其行政单位的功能也比先前更为广
泛。到了20世纪90年代,"运动机能学"成了替代"体育教育"的新的体育
专业名称术语。虽然也有学者持有不同的见解,但是大部分学者认同"运动
机能学"作为体育专业的名称术语。一些体育院系和组织协会的名称也都
将曾经的"体育教育"名称更改为"运动机能学"。2006年,美国国家研究委
员会将运动机能学纳入"生命科学"研究生项目分类中,作为美国体育学博
士学科评估的统一学科名称,这一决定更加巩固了"运动机能学"在美国体
育学研究领域和体育类专业办学机构中的地位。因此,目前与我国"体育
学"名称相对应的美国体育专业名称为"运动机能学"。

　　总的来看,美国高等体育教育的名称随着体育专业教育的发展而不断演
变,这些名称的变化不仅反映了社会趋势的变化,也反映了体育教育领域使
命和内涵的变化。同时这些名称术语在一定程度上表达了不同时期美国高
等体育教育的教育哲学。通过对名称术语演变进程的解释和阐述,希望为后
续各个时期美国高等体育教育的发展提供更加清晰的理解基础。②

　　① Custonia Z,Milanovic D,Spori G. *Kinesiology in the names of higher education institutions
in Europe and the United States of America*[J]. International Journal of Fundamental and Applied
Kinesiology,2009,41(2):136-146.

　　② Nelson RC. *Goodbye physical education,hello exercise and sport science*[J]. The Academy
Paper,1990:23,58-61.

（二）美国高等体育教育发展历史的分期

对某发展历程进行研究的一个重要部分,就是对其历程进行时期的划分。[1] 历史时期划分有助于从整体上认识历史和把握历史,是全面理解历史的一种必要工具。正如德兰迪等人所说"历史分期对历史记录中的明显失序进行规范、包装和校准,置入时间或者知识方面的分割点,从而创造出某种秩序。这样也就简化了记忆,便于进行教育"[2]。历史时期的划分决定了研究的思想和研究的脉络,体现了文章要关注的重点和想要表达的研究结果。目前美国高等体育教育历史的研究在分期上是"仁者见仁,智者见智",学者们因研究的历史角度、学术的维度和理解的程度不同而有着不同的划分方式和方法。

明确的时间划分方式是将美国高等体育教育的发展历程较为明确地划分为各个历史时期,每个时期都有具体的时间起始节点。

在这类划分方法中需要注意的是,针对美国体育教育史的分期和针对美国高等体育教育史的分期两种不同的侧重模式。针对美国体育教育发展历史的分期,虽然在不同的时期也会专门探讨体育专业教育的发展情况,但它分期的主要目的不是分析体育专业教育,而是分析范围更广泛的体育教育。美国高等体育教育的历史分期以对体育专业教育的分析为目的,即使其角度和观点有所不同,但相对美国体育教育史的历史分期而言,对研究美国体育历史和体育教育发展具有更直接的参考价值和借鉴意义。

首先在美国体育教育发展历史的具体分期中,赖斯在《体育教育简史》[3]中分时期介绍了美国体育教育的发展历程,将体育专业教育出现后的历史时期分为19世纪后期有组织的体育教育(1865—1900年)、20世纪早期有组织

[1] Kirk D,MacDonald D,O´Sullivan M. *Handbook of physical education*[M]. London:Sage,2006.

[2] 德兰迪 G,伊辛 E. 历史社会学手册[M].李霞,李恭忠,译.北京:中国人民大学出版社,2009:374.

[3] Rice EA,Hutchinson JL,Lee M. *A brief history of physical education*[M]. New York:Ronald Press,1969.

的体育教育(1900至第二次世界大战时期)和20世纪中期有组织的体育教育(第二次世界大战后至1950年)。范达伦等人在《世界体育史：文化、哲学、比较》①中以民族主义和国际主义为分界点，将美国体育教育的发展划分为四个阶段：1787—1865年为第一阶段，1865—1900年为第二阶段，1900—1930年为第三阶段，1930—1953年为第四阶段。哈肯史密斯在《体育教育史》②一书中将美国体育专业教育出现后的发展阶段分为六个阶段，分别为1861—1900年，1900—1917年，1918—1929年，1930—1940年，1941—1949年，1950—1966年，作者在各阶段专门对体育专业人才培养的情况进行了介绍。沃尔顿等人在《体育、运动科学和运动的基础》中将内战后美国体育教育和运动的发展历程划分为内战后—1900年，1901—1915年，1916—1919年，1920—1929年，1930—1939年，1940—1970年，1970—2017年③。施文德纳在《美国体育教育史》中将体育专业教育出现后的发展历程分为三个阶段，分别为地方时期(1781—1885年)、欧洲影响的高潮和低谷时期(1885—1918年)以及美国体育教育时期(1918—1942年)。在每个阶段分别讨论了与体育教育发展相关的不同的人物和事件，其中也涉及对体育专业教育师资培养的概述，以及影响体育专业教育发展的社会、宗教、经济和政治等因素。斯旺森等人在《美国运动和体育教育史》一书中概述了运动和体育教育的发展历程，将整个运动和体育教育的发展历程分为七个阶段，其中涉及体育专业教育的时期是19世纪中期以后的五个时期阶段，第一个阶段为1840—1885年，主要讲述从游戏到运动，从训练到体育教育的变迁；第二个阶段为1885—1917年，主要讲述运动和体育教育的组织；第三个阶段为1917—1945年，主要讲述在社会变化时期运动和体育教育的增长；第四个阶段为1945—1970年，主要讲述美国战后的运动和体育教育；第五个阶段为1970—1993年，主要讲述运动和体育教育。

---

① Van Dalen D. B., Mitchell E. D., Bennett B. L. *A world history of physical education: cultural, philosophical, comparative*[M]. New Jersey: Prentice-Hall, 1953.

② Hackensmith CW. *History of physical education*[M]. New York: Harper&Row, 1966.

③ Walton-Fisette JL, Wuest DA. *Foundations of Physical Education, Exercise Science and Sports*[M]. New York: McGraw-Hill Education, 2017.

由此可以看出,关于美国体育教育发展的历史分期,学者们尚未就发展时期的划分达成共识。但是从以上的历史分期中可以看到学者们确定的几个重要的体育教育发展的时间节点,其中两位以上的学者采用了 1865 年内战、1900 年、1930 年、1940 年、1945 年第二次世界大战和 1970 年等重要的年份节点。

1. 美国高等体育教育的萌芽时期(1861—1900 年)

1825 年贝克(Charles Beck)在圆山学校任教时,将体操教学纳入课程中,开启了美国学校体育教育的先例。随后在 1866 年,加利福尼亚州要求公立学校必须开设体育课程,另外在这一时期美国公立高中数量急剧增长,从 1860 年的 800 多所,发展到了 19、20 世纪之交的 6000 多所,学生的注册人数也从不到 8 万人增加到超过 500 万人。① 因此,在越来越多的公立学校开设体育教育课程,越来越多的学生需要体育教师的背景下,对体育教师的需求也应运而生。

萌芽时期末,田径和体育运动开始普及,网球、高尔夫球、保龄球、手球等运动项目被引入美国,其他运动项目如摔跤、拳击、排球、滑冰、滑雪、长曲棍球、射箭、田径、足球、壁球、橄榄球和游泳也在美国开始流行起来。尤其是橄榄球和棒球等作为比赛项目和观赏性体育运动深受民众的欢迎。随着运动热情席卷美国,各类流行的运动项目成为体育课程中的重要组成部分。私立体育专业学校是萌芽时期体育专业教育的主要办学力量,在美国高等体育教育的发展历程中起到了重要的作用。在这一时期,其他一些办学成就比较突出的私立体育专业学校还有萨金特健康体操馆、布鲁克林体育师范学校、波士顿体操师范学校、纽约体育师范学校等,这些学校的简要信息见表 4-1。

---

① Gross CH, Chandler CC. *The history of American education through readings* [M]. Boston: Heath and Company, 1964.

表 4-1　美国高等体育教育萌芽时期私立体育专业学校简介

学校中文名称	学校英文名称	创办时间	学校地点	创办者	备注
健康体操馆	The Sanatory Gymnasium	1881	坎布里奇	达德利·艾伦·萨金特	1894 年更名为萨金 特体育学校（Sargent School for Physical Education）
布鲁克林体育师范学校	Brooklyn Normal School for Physical Education	1886	布鲁克林	威廉·吉尔伯特·安德森	1892 年更名为安德 森体操师范学校（Anderson Normal School of Gymnastics）
波士顿体操师范学校	Boston Normal School of Gymnastics	1889	波士顿	玛丽·海明威	
波瑟体育学校	Posse School of Physical Education	1890	波士顿	巴龙·尼尔斯·波瑟	
纽约体育师范学校	New York Normal School of Physical Education	1895	纽约	沃森·萨维奇	

2. 美国高等体育教育体系形成时期(1900—1930 年)

这一时期,体育专业教育进入了大学化体系形成时期,越来越多的大学开始提供体育教师培训课程。萌芽时期的四种办学机构也继续发挥着其体育专业教育人才培养的作用,但是其中一些体育专业学校在这一时期逐渐被关闭、合并或隶属于四年制的大学或学院,大学或学院在这一时期也成了主要的体育专业教育人才培养机构。在美国高等体育教育大学化体系形成时期,体育专业教育办学机构主要分为五种类型:私立或公立的大学及学院,私立体育专业学校,私立组织创办的学校,私立暑期体育学校,公立师范学校或教师学院。大学或学院开设的体育院系或体育专业在这一时期快速发展,主要体现在办学数量的增加和办学层次的提升。

这一时期,培训学校数量增加以及入学人数增加,体育专业教育办学机构的入学要求较前一时期有了较大的变化,入学要求的标准有所提高,招生的范围也相应扩大了许多。

由于体育领域范围不断扩大,竞技体育运动的教练和健康服务等内容也被涵盖进来。体育领域需要帮助完成对合格的体育教育者、运动教练和健康服务主管的培训需求。虽然当时各学校还是以体育教育专业为主,根据需求在体育教育专业设置了不同领域的课程,或侧重点不同的课程,但一些在这一时期较受欢迎和极具特色的课程,如运动教练、舞蹈和休闲娱乐等课程逐渐发展为新的专业,这些专业都同属于体育教育领域。

美国家长大多认为,体育活动实际上锻炼的是孩子的人格和品质,以及在团队活动中的合作能力、领导能力,同时也通过体育活动为孩子创造了吃苦耐劳和领会失败的机会。这也是为什么美国孩子大多会选择团队体育项目锻炼,而不是个人运动的原因。当然,抛开这个市场经济的"调控"因素,美国家长也很清楚,孩子们的较量,最终是综合能力的较量,而一个强壮的体魄是所有的基础。

20世纪,在杜威等人的影响下,学校改变了课程的内容和教学方式,向着社会化的方向发展。体育教育工作者也开始思考体育教育领域在学校课程中的定位,课程的主题内容扩大,开始呈现出更广泛的面貌。

3. 美国高等体育教育专业化发展时期(1930—1960年)

1930年至1939年被称为美国经济的"大萧条"时期。1929年美国股市崩盘导致了经济大萧条,使失业和贫困盛行。经济上的大萧条也影响了教育的发展,体育教育就是众多受经济危机影响的教育课程之一。在经济大萧条时期,美国国家财政预算削减,大量体育活动与赛事被取消,很多体育教育项目要么被取消要么被降级。有统计显示,1932—1934年,有40%的体育教育项目被完全取消。许多州(如伊利诺伊州和加利福尼亚州)废除了体育教育的立法要求,或者将体育教师的职责增添到其他学科教师的职责中,让课堂教师顺带教授体育课程,新聘的体育教师很少,进而导致体育教师的就业成了难题,供过于求,健康和体育教育在很多社区都步履维艰,美国学校体育教育所取得的成就也都消失了。

体育是美国文化中非常重要的一部分,因为在美国,体育成长一种观念,它是学习团队协作的途径,学习如何竞争、如何与周围的人相处。同时体育教育的观念历史悠久,而且不断向年轻化发展,不单是年轻人,大概从中学、高中时期便开始。这是美国文化的一个主要部分。美国政府于第二次世界大战期间对美国公民的体质进行了测试,与第一次世界大战期间的情况相似,许多应征入伍者因为身体素质不符合要求而不适合服役。由此激发了体质评估和促进的新热潮。20世纪30年代和20世纪40年代,纽约大学的纳什教授作为休闲运动的主要代表性人物,认为孩子应该接受终身休闲活动和度假教育,他强调技术发展和对活动的重视。

4. 美国高等体育教育学科化发展时期(1960—1990年)

1960年肯尼迪(John F. Kennedy)当选美国总统后,其在讲话中经常提到体质健康的重要性,呼吁应重视和提高美国人的身体和心理健康及道德水平,尤其是儿童青少年的体质健康,强调采取各种体育运动措施来促进美国儿童和青少年拥有强壮的健康体魄,随后还设立了青少年健康行动(Operation Youth Fitness)计划。肯尼迪对体质健康的重视为体育教育发展带来了许多的机会,也打开了体育专业教育发展的大门。在学校体育方面,有84%的学校有体育教育课程的要求,其中68%的学校安排了两年的体育课程,25%的学校安排了一年的体育课程,少数学校安排了三年或者四年的体育课程。

1963年哈佛大学校长科南特在《美国教师的教育》一书中对高等体育教育的研究提出了批评,他指出:"我所听到和读到的有关体育教育领域的研究生项目,远远没有给我留下深刻的印象……在我看来,大学应该取消体育教育领域的研究生课程。"并建议:"体育教师如果希望进入运动生理学及相关的研究领域,应该利用研究生阶段的时间,在自然科学的基础上发展生理科学的知识,使自己能够与这些科学领域的本科学生处于平等的地位。"科南特对体育教育的评价在高等体育教育界引起了轩然大波,让体育教育工作者感到震惊。在意识到体育教育出现危机的同时,体育教育工作者们也认为自己的工作没有得到学术上的认可,急需学者们去证明体育学科的学术性。第二年,即 1964 年,加利福尼亚州大学伯克利分校的亨利教授提出了将体育作为一门学科组建起来的学术建议。从较早时期就有学者们试图确定构成体育学科的"知识体系"。随着对其他运动科学方面兴趣的增加,体育领域的分支学科创建了起来。1966 年六个分支领域被确定,即体育管理,生物力学,运动生理学,体育教育史与哲学,运动学与运动心理学,社会学与运动教育[①]。知识体系的建立无疑是美国高等体育教育演变过程中迈出的最重要的一步。

5. 美国高等体育教育演进为运动机能学时期(1990—2020 年)

1990 年到 2020 年是美国高等体育教育演进为运动机能学的重要时期。这一时期,从 1990 年开始,"运动机能学"成为替代"体育教育"的体育专业名称术语,一些体育院系和组织协会的名称也将曾经的"体育教育"名称更改为"运动机能学",美国国家科学研究委员会将运动机能学纳入"生命科学"研究项目分类中,作为美国体育学博士学科评估的统一学科名称。运动机能学名称的改变也是美国高等体育教育发展史中一项重大的变革事件。

在这一时期,由于信息技术的快速发展,美国逐渐由工业化社会向信息化社会发展转变,在全球化进程的影响下,各领域产业呈现出一片繁荣的景象,美国进入了知识经济快速发展的新时代。另外,信息技术的变革也带来高等教育的改变,各种信息技术被融合到高等教育领域,对大学的管理方式、教师和学生的学习生活交流等各个层面都带来了前所未有的改变。科技的进步也带来了对教育的重视,美国把国家的发展战略从经济领域转向了教育领域。

高等教育中自然科学受到重视,人文学科出现萎缩。在高等教育方面,大学在校人数大幅度攀升。到 1990 年,美国大学的入学人数已经达到了1280 万人,高等教育面临着巨大的挑战。公立大学的财政资助逐渐减少,来自州政府的财务支持还不到之前的 20%,高等教育机构面临着从多种渠道寻

---

① Zeigler EF,McCristal KJ. *A History of the Big Ten Body of Knowledge Project*[J]. Quest,1967,9(1):79-84.

求资金资助的压力。也正是因为研究基金能够带来财政上的资助,高等教育机构出现了将基金拨款用于衡量成功的标准。相对于本科教学和服务项目,高等教育机构随后加强了对尖端研究和研究生教育的重视。另外,对"顶尖研究"的强调削弱了"非科学"项目的活力,包括人文学科以及与专业教育和服务职能相关的项目,这导致与科学相关的学科取得了成功,人文学科却出现了萎缩,这个现象对于大学的所有教育领域都是如此,而不只是体育教育领域。①

在这一时期,美国健康与体育教育者学会的数据显示,有 74% 的州要求学生从小学到高中都要接受体育教育,但是有 28 个州允许学生申请豁免,且只有 22 个州规定了具体的体育教育时间,仅有 10 个州为体育专业的发展指定了专项资金,只有 6 个州要求每个年级都要接受体育教育,仅有 3 个州达到了国家建议的体育教育时间标准。大学生参加体育活动的数据表明,在美国只有不到 40% 的大学要求学生需参加任意类型的体育活动才能毕业。可以看出,美国的大、中、小学里关于体育教育课程的要求均有所放松。

美国疾病控制与预防中心的调查显示,超过 50% 的人群没有达到推荐的体育活动运动量,从事有规律的业余体育活动的人群不到三分之一。这一时期出现的体力活动可预防疾病和促进健康的观点论断备受关注。1996 年,《体育活动与健康:卫生总署的报告》(*Physical Activity and Health:a Report of the Surgeon General*)指出:在日常生活中进行一定的体力活动可以促进健康,提升生活质量,但有 60% 的成年人没有达到推荐的体力活动量,有将近 50% 的青年人不进行积极的运动,只有 19% 的高中生每天参加 20 分钟以上的体育活动。这份报告引起了美国各界对体力活动的重视,也带来了高等体育教育发展的新机遇。②

近年来体育学领域发生了很多变化。其一,"运动机能学"逐渐成为该领域的统称,很多组织及办学机构更名时都用到了"运动机能学";其二,美

---

① Lawson HA. *Renewing the core curriculum*[J]. Quest,2007,59(2):219-243.

② U. S. Department of Health and Human Services. *Physical Activity and Health:A Report of the Surgeon General*[R/OL]. https://www. cdc. gov/nccdphp/sgr/pdf/sgrfull. pdf. 1996.

国国家科学研究委员会承认运动机能学是学术学科;其三,全美国高等教育机构中运动机能学本科专业的学生人数出现了前所未有的增长,运动机能学成为这一时期较受欢迎的专业;其四,运动机能学专业本科学生的职业兴趣发生了改变,学生对健康领域的职业兴趣增加,如运动防护、物理治疗、职业治疗等成了学生常选择的职业,而对传统的体育教育、健身指导等职业的就业兴趣显著减少。

美国高等体育教育的发展并非一帆风顺,而是始于筚路蓝缕的创业过程,历经崎岖坎坷演变而来。在办学实践中通过日积月累不断调整和适应社会发展,才形成了如今较为成熟的教育体系和发展模式。从其发展历程中我们可以总结出宝贵的经验,同时也可以对其发展教训进行反思,从而获得对我国高等体育教育发展和改革的有益启示。

二、美国高校体育社团历史沿革

研究表明,早在中世纪时期就出现了今天所谓的现代化大学社团。学生们认识熟悉之后自愿集结,一般都是来自同一地域的学生聚在一起,这就是早期的"同乡会",也就是当今学生会的雏形。而随着教育和社会的进一步发展,学生会或者说学生社团在学校里逐渐成了不可或缺的组成部分。例如,剑桥大学成立的剑桥大学联合会,牛津大学成立的牛津协会等都属于早期的学校社团。随着课外活动组织的进一步发展,19世纪,学校社团有了新的名称:Union。据考证,体育类的社团最早是由"德国体操之父"雅思成立的青年体操协会。①

欧洲人先天具有爱冒险的基因,加上三角贸易的推动,一些惊险、刺激的体育项目逐渐在北美盛行开来,由此体育活动也在美国拥有了良好的发展前景。随后美国则开始注重教育,于是便开始兴建高等学府,在学校内分门别类开设各种课程,体育也便囊括在其中。有的高校专门设置体育课程,没有专门设置体育课程的高校则让学生们通过参加体育社团来进行体育锻炼。

---

① 张勇智,王莹莹.国内外学生体育社团研究综述[J].中国科教创新导刊,2011,(29):216.

前期殖民地的累计加上后来的外来民族,美国逐渐成为一个多样化的移民国家,这也为美国体育事业的多样性奠定了良好的基础。英格兰移民由于擅长长途骑马、练习射击打靶等运动,便把赛马运动等带入美国;爱尔兰的移民将棒球运动、拳击运动等带入美国;德国移民则给美国带来了体操运动;非洲移民则为美国的篮球运动和田径运动做出了重要的贡献。因此,美国高校的体育社团或者说美国体育事业能有今天卓越的发展,完全可以从它的社会民族文化背景中找到根源。①

其实,在殖民时期,美国大学学生社团的组织才得以初步成型。这是因为在美国发生南北战争后,学校逐渐放松了管理制度,学生社团活动在此背景下逐渐有了自己的发展空间,由此各种各样的俱乐部渐渐建立,这为美国体育文化的发展提供了契机。②

直至 19 世纪 60 年代,美国各高校才开始建立体育馆,学生们也更加积极地参与到体育活动中来,但当时对体育社团缺乏认识和管理,因此发展缓慢。③ 加之 20 世纪初美国人民普遍认为女性由于身体素质原因不适合参加体育社团活动,因此当时参加体育运动是男性的权利。④ 直至 20 世纪初,以学生为主体的体育社团组织才初具规模。第二次世界大战以后,高等教育开始将视野转向学生,重视学生的所需,维护学生的利益成为高等教育的重心。⑤ 美国的高等教育进一步提出要培养"完整学生",在这种思想的引导下,以学生为主的美国高校社团组织得以蓬勃发展。特别在 1972 年,美国国会颁布了教育第九条修正案,其中规定在教育的大环境中禁止性别歧视,因

---

① 赵相周.中美两国高校课余体育比较研究[D].扬州大学,2009.

② 于伟,韩丽颖.中美高校学生社团文化建设若干问题比较研究[J].外国教育研究,2002(10):57-60.

③ Hyatt,R. W.. Intramurals Sports:Organization and Administration[M]. Saint Louis,MO:C. V. Mosby. 1977.

④ Sarah K. Feilds. Intramural And Club Sports:The Impact Of Title IX[M]. Journal of College and University.

⑤ 吕春辉.西方大学学生社团的发展变迁及启示[J].现代教育科学,2009(1):12-17.

此女子也逐渐加入到体育活动中来,体育社团也在这时候得以急剧扩张。①

随着美国的社会发展,一些教育界和体育界人士认为应进一步扩展大学体育的宗旨,包括体育教育、竞技运动和消遣娱乐三个方面。其中体育教育指的是与体育课有关的工作;竞技运动指的是学校体育代表队参加校外体育竞赛的相关工作;消遣娱乐则主要指普通学生或市民参加的各类业余体育活动。根据活动面向的不同对象和不同的目的,大学的体育活动又被进一步分为五个方面:学校开设的体育专业课;学校体育代表队的活动;学生参加的体育社团活动;校内业余体育运动队及比赛;社区体育健身娱乐运动。②

如今美国高校体育社团活动丰富多彩,学校体育社团的数量也越来越多,每年参与到体育社团活动中的有数万人次,这对于繁荣校园体育文化起到了推动作用。

三、美国高校体育俱乐部的文化气质

美国高校体育俱乐部有着悠久的历史,俱乐部活动精彩活跃,管理制度较为健全,这也为培养选拔优秀的运动员奠定了良好的基础。美国高校体育俱乐部注重学生主体地位,注重学生的兴趣发展。他们以各学校个性发展为主线,其体育俱乐部管理相关要素共同构成一个系统,活动主体中学校管理人员、俱乐部内部管理人员、俱乐部成员,以及俱乐部资金的筹集和使用,物资的管理等方面有序的组合,使整个系统产生效能,共同影响体育俱乐部的发展,决定了体育俱乐部活动的开展。③

图4-1是美国杜克大学体育社团的组织结构图。图中清晰展现了整个系统的分工、协助及运行。正是这种较为完善的结构运作,使得美国体育社团和体育俱乐部得以发展下去。

---

① Montgomery, B., & Carr, R. The politics of sport clubs: Positioning your program in an era of dwindling resources. NIRSA Journal, 1992, 16(2): 2-6.
② 陈希. 对美国十所大学体育的考察与思考[J]. 清华大学教育研究. 1998(3): 112-120
③ 刘小璐. 美国质量高校体育俱乐部运行方式的研究[D]. 浙江师范大学, 2016.

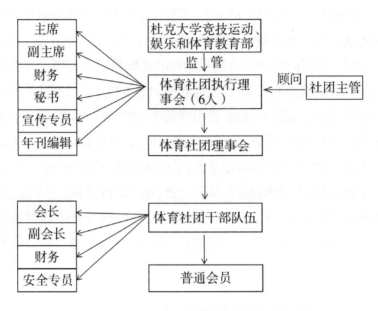

图 4-1　杜克大学体育社团组织结构图

资料来源:根据杜克大学 2011—2012 体育社团操作手册资料整理。

(一)体育俱乐部规模庞大

每个学校都有规模庞大的体育俱乐部,包含了主流项目以及具有地方特色的项目,包括各种运动健身和户外体育活动,学生纷纷加入其中。俱乐部成员则可以参加专业的比赛,承担学校部分的竞赛任务,也可以参加学校之间非竞争性的友谊赛,也有机会参与国际性的活动。

(二)体育俱乐部开放包容

随着体育俱乐部活动范围的扩大和交流渠道的增多,学生同俱乐部之间的联系也越发广泛和直接。他们通过联系社会资源获得俱乐部发展资金的支持,并通过外界的信息将体育俱乐部活动开展得更具时代气息。在这种社会环境中,体育俱乐部发挥着独特的桥梁和纽带作用,为学生参与社会活动提供了多样化渠道,从而满足学生多样化的活动需求。

(三) 体育俱乐部精彩刺激

美国是一个移民国家,祖辈经历了航海、徒步穿越森林后,他们的后裔更具冒险精神,他们对新事物充满好奇,勇于尝试。这些特点对高校体育项目的引进有重大的影响,如攀岩、跳伞、潜水、划船、户外探险等,这也加剧了体育俱乐部的挑战性和趣味性。

四、美国高校体育俱乐部的基本特征

目前学生参加体育活动的方式就是通过高校的体育俱乐部,学生通过参加和交流逐渐熟悉体育文化,美国也逐步成为体育强国。[①] 美国体育运动的组织形式和运行方法经历了从初步形成到缓慢发展再到相对成熟稳定最后基本趋于完善的历程。

(一) 美国高校体育俱乐部的公益性

美国高校内成立的体育俱乐部有其公益性的本质。其一,美国高校体育俱乐部是由学校联合社会力量建立的,学生在参与或入会时并不需要缴纳会员费用,后续俱乐部的资金筹集来自个人、学校以及社会的相关捐赠,所筹集到的资金也会有专门的资金管理和监督,整个流程具有系统性和透明性。[②] 其二,俱乐部的成员无论是老师还是学生或社会人员都无偿为学生服务、为活动服务,注重学生的兴趣和实践能力。

(二) 美国高校体育俱乐部的自主性

美国高校体育俱乐部的会员主要由教师和学生组成,无论教师还是学生都在俱乐部内享有自主权。一方面,学生可以按照自己的时间、学习兴趣和爱好等选择自己心仪的体育运动项目,这也是目前高等院校注重学生自我发

---

① 盛怡,杨洪,缪律.美国大学体育俱乐部教学模式的特征及启示——以布莱恩特大学为例[J].武汉体育学院学报,2016,50(6):90-100.

② 戴维·马修斯,甄国栋.美国高校的体育俱乐部[J].安徽体育科技,1996(4):11-13.

展的表现,学生在体育活动中不仅可以提升身体素质,也进一步提高了学习动机;另一方面,学生可以根据自己的情况选择竞技类体育活动或者休闲类的体育活动,也可以根据不同的体育活动制定相应的运动目标和训练计划,从而在体育活动中进一步提升自己的自主安排能力以及自我效能感,追求自我价值。[①] 同时,在教学安排方面,教师会本着以学生为主的发展理念,注重培养学生的运动能力,强调自主科学的教学。

(三) 美国高校体育俱乐部注重体育与教育的结合

美国高校体育俱乐部的教学模式以实现学生的价值为目标,注重学生的全面发展。因此,美国高校体育俱乐部十分注重体育与教育的结合,并会因材施教,针对不同的体育运动项目采取不同的教学方式,再结合学生自身的特点进行教育;课外的体育俱乐部则以提高竞技水平,取得竞赛胜利为目标。[②] 这样校内加校外结合的模式更好地统筹个人、学校和社会资源,实现共赢。

(四) 美国高校体育俱乐部的民主性

美国高校体育俱乐部在日常的管理和决策中是相当重视民主性这一点的。这一点首先体现在俱乐部领导的选拔上。俱乐部的成员通过投票、竞赛等方式抉择出学生领导,并通过各种培训、考试等定期对学生领导进行考核,加上教师的评价,最后判定是否继续有能力胜任。再者,民主性体现在对俱乐部教练员的考核上。教练员的身份不局限于社会人士,也可以是教师或者学生,其形式分为自荐、推荐等,教练员的任期一般为一年,再通过学校的考核与把关,参考学生的体育竞赛等情况来决定教练员是否继续任教。[③]

---

① 张建新,孙麒麟,毛丽娟.美德澳高校竞技体育人才培养及其启示[J].体育文化导刊,2009(8):99-102,109.
② 孙翠琪.中美体育俱乐部的比较分析[J].体育文化导刊,2003(3):18-19.
③ 陈杰.中美高校体育发展现状对比研究[J].教育现代化,2017(46):259-260.

（五）美国高校体育俱乐部的目标性

美国高校教育一直以来都尊重学生的个性发展,以培养全面的人为主要的教育目标,且在教育中十分重视实践能力的培养。第一,俱乐部有严格的课程标准,注重学生个人价值的实现,也强调个人价值和社会价值的统一,对学生能力的发展和思维的扩散也很重视,帮助学生找到自己的兴趣点并长期发展下去。第二,高校体育俱乐部的目标是实现人员管理的自由化和统一性。俱乐部的管理人员与其他服务人员也主要由学生构成,学生凭自己的意愿参与俱乐部工作,通过协调策划人力、物力、时间等帮助俱乐部更好地运营,这样不仅可以培养学生的服务意识,还可提高学生的指挥沟通和规划能力。[1]

五、美国高校体育俱乐部的基本功能

（一）培养良好的生活习惯

体育俱乐部的公益性给越来越多的人提供了参与体育活动的机会。参与进来的人不仅可以更好地锻炼自己的身体,也可以在体育活动中进一步提高个人能力,为学生的发展提供了很好的平台资源。学生们相聚一起,共同交流和探讨自己喜欢的运动,交流心得,不断进步,这样校内的体育俱乐部就会越来越壮大,这也为体育事业的发展奠定了基础。人是处在社会中的人,人与人之间的交流则会进一步将体育活动和体育文化传播开来,进而形成一个具有系统性的运输网,这也就逐渐变成了普及体育的最好方式。

参与体育活动,本身就是培养体育习惯的一种最为简单有效的方式。在参与体育俱乐部活动的过程中,学生通过自由地教与学的方式学习运动项目的技术方法和练习形式,形成一套属于自己的体育运动方法,培养健康的体育习惯。

---

① 马新东,高前进等.对当前我国大学体育俱乐部功能的调查和研究[J].北京体育大学报,2006,29(2):227-230.

(二) 拓展学生的各项技能

体育俱乐部作为体育教育的重要载体和平台,注重对于学生全方面的培养,如基础体育知识、组织协调能力、应急反应能力、综合服务能力等。[①] 学生通过参与活动提升自己的运动技能和实践经验。而俱乐部的学生领导也可以在组织和策划中进一步培养领导能力以及组织协调能力。例如,在俱乐部开展活动的过程中,如何筹备筹划活动、如何高效地利用资金、如何处理各种矛盾等。俱乐部成员可以在实践中进一步提升解决问题和思考问题的能力。除了专业的体育运动,体育俱乐部也会与社区体育联系,共同联合培养学生的体育意识。而俱乐部成员在参与各项竞赛的过程中也会提升竞争意识和竞赛意识。不可忽视的是,高校体育俱乐部基本的效能就是学生能够在参与体育俱乐部的体育活动中培养健康的运动和健身习惯。[②]

总结来说,体育俱乐部所特有的功能在于培养学生的体育竞技意识、拼搏向上的斗志、团队合作的能力、社会适应技能和生活服务技能。[③] 这个培养过程是学校对学生进行教育的过程,包含了知识技能的传授,同时也丰富了学生们的精神领域。体育俱乐部则成为教育的载体。高校的体育俱乐部主张发挥学生的主观能动性,注重学生的主体地位,强调在组织各项体育活动中培养学生的领导力、组织协调能力、管理能力等;在练习各项体育活动中学习体育基础知识、掌握运动项目练习方法,提升学生的专业能力;在参与竞赛的过程中锤炼学生的意志品质、提升学生的团队合作意识、激发学生的竞争意识。

六、美国高等教育中的体育文化

现今一些美国学者认为,高等教育中的价值与目标和大学体育的商业化

① 吴敏,王东升.论高校学生体育社团的特征与功能[J].南京体育学院学报,2008,22(3):82-86.

② 刘明明.高校体育社团现状分析及发展趋势[J].渝西学院学报,2004,3(3):83-84.

③ 赵栩博,黄丹.高校体育俱乐部发展方向研究[J].广州体育学院学报,2006,26(4):119-121.

与虚伪现象存在着深远的矛盾。美国社会中的大学体育拥有强大的经济和文化力量,对校际体育运动的发展产生了重大影响。因此,美国高等教育中的体育文化有着明显的特征:竞技体育运动的商业化和职业化,体育隐性课程的渗透性,校园体育文化的地区性,等等。美国高等教育的领导者一度纠结是搞好商业,还是办好教育。在非常时期,大学体育在道德层面和教育层面上双重崩盘,大学官员被看作企业的决策者和公司经理,失去了教育者和学者的本来面目,使学校教育盲目跟随经济发展的步伐,导致教育目标发生了歪曲。① 随着批评声的此起彼伏,美国高等教育领导者直面来自社会的批评,根据市场的需求,对大学体育进行了改革,在大学体育中强化了育人原则、价值观、人际交往观等意识形态的辅助作用,促进了其良性发展。高校从大学生运动员的挑选做起,提高选拔要求,保证大学生运动员的道德操守和专业技能的合格率,重新定位了学生运动员在学校中的角色扮演,如榜样规范者、学生领导者、学校文化传播者等。大学竞技体育的运动员也要求具备一定的学术能力和专业素质,这便大大提高了大学生专业运动员的毕业率,为国家培养了精英运动员,这也是美国能成为体育强国的主要原因。美国政府提高了对高校体育的重视,为高校体育运动提供财政资助,每个州根据自己的财政开支来进行投入。为保障大学体育竞技运动的可持续发展,学校开发出与此相关的文化载体,例如,体育吉祥物、体育口号、体育精神领袖塑像、体育商品、体育拉拉队等,这些体育文化载体为体育竞技比赛提供了外在包装,起到了宣传的效用。社会也力挺校园体育运动的开展,校际体育比赛的运作吸引了社会的投资,包含耐克公司在内的一些大型公司和企业赞助学校球队的体育装备,这种双向受益的合作方式为学校体育的发展带来了商机的同时,也减少了学校的财政负担。在美国大学竞技体育发展的这些年里,竞技体育之所以有如此强盛的发展势头,离不开美国大学规范的体育竞赛管理模式以及运动训练的科技化模式、完备的体育设施、高水平的竞赛活动、经验丰富的教练员、政府的支持以及社会的财政资助等。以校际体育竞技赛为推销途径,展示学校风貌,吸引外界的赞助,既推动了高校体育的发展,又创收

① 彭崴,罗亚娟.美国体育思想的嬗变与启示[J].体育与科学,2015,36(3):45-49.

了学校的财政。从这一层面来分析,美国高校体育体现了以目标促发展、以发展达成目标的互向性。

名誉和利益在学校体育的发展中实现了双丰收。体育文化以隐性课程的形式存在于学校教育中,并由此创作出与体育文化有关的体育载体,如校际体育竞技比赛、体育吉祥物、助威口号、体育健将雕塑等。学校体育文化依托社会体育文化,因此既具备地区性,又具备社会性。学校文化与社会文化相互影响,学校与社会形成合体,增强了教育力量。高校体育文化以各种渠道进行传播,成为学校文化辐射社区的主流文化,校园体育文化影响了社会文化,同时也成为社会文化的组成部分。① 社会体育文化涵盖并滋养了高校体育文化,继而高校中的文化具有深远的社会根基和底蕴,以文化育人的方式来开展教育就更具有辐射性和延伸性。高校体育的发展很好地借助了社会大环境,以社会大环境来净化和渲染学校环境,从而结合环境育人的功能辅助了学校教育。

---

① 张文雯,金衡山.美国体育与美国梦对美国软实力的影响路径[J].河北体育学院学报,2021,35(6):30-35.

第五章　美国体育文化传播媒介

第一节　美国体育文化传播媒介——杂志

美国作为世界经济第一大国,传媒发展自然也是毫不逊色,不仅是传媒大国,还是杂志大国,经过多年的发展,美国杂志已经取得了超高的成就,其发展经验对于中国体育杂志具有借鉴意义。以美国著名体育杂志《体育画报》(*Sports Illustrated*)为例,它是世界著名杂志,是媒体巨头时代华纳旗下的美国体育周刊,拥有的固定用户超过 300 万,每个礼拜有 2300 万的成人阅读量,在美国有超过 1300 万的男性都订阅了该杂志,占男性总量的 19%,也是第一个两次获得美国国家杂志奖"卓越表现"的杂志,且该杂志的流通量现已超过百万。该杂志创刊于 1954 年,至今已有六十多年的历史和经验,也是当今全球体育杂志发行量最大的杂志。《体育画报》对体育新闻有较高的专业操作,能客观把握体育报道,彰显运动之美,弘扬运动之道,其传统的描述性报道,以及选取的具有视觉冲击力的图片风格,在美国体育杂志界中遥遥领先。①

一、美国体育杂志的发展及现状

杂志起源于法国,最早的杂志可以追溯到 17 世纪由欧洲书商发售的第

---

① 端木义万主编. 美国传媒文化[M]. 北京:北京大学出版社,2001:63-67.

一批目录册子。美国杂志的出现比美国报纸的出现迟了近半个世纪。北美的第一本杂志是由安德鲁·布拉德福德(Andrew Bradford)于 1741 年 2 月 13 日创办的《美国杂志》(*The American Magazine*)。三天后,美国著名政治家、外交家本杰明·富兰克林(Benjamin Franklin)创办了《大众杂志》(*The General Magazine*)。这两本杂志的寿命都很短,《美国杂志》只办了三期,《大众杂志》也只短短维持了六期。①

到了 19 世纪,美国的人口快速增长,国民识字率也有了大幅提升,杂志数量从 1865 年的 700 种增加到了 1885 年的 3300 种,发行量也有大幅提升,美国杂志进入黄金年代。美国体育杂志则与其同行——报纸一样历史悠久。1886 年 3 月 17 日,斯宾克兄弟(Alfred H. Spink & Charles Spink)在圣路易斯出版了美国第一份体育杂志——《体育新闻》(*The Sporting News*),主要报道当时的棒球、自行车、狩猎和拳击等运动项目。

20 世纪初期,棒球主宰了平面体育媒体,因而《体育新闻》在那一时期成为只报道棒球的杂志。同时,它也受到了创刊于 1915 年《棒球杂志》(*Baseball Magazine*)的挑战。当时多数体育杂志注重棒球项目,或局限于某些相对领域狭窄的项目。20 世纪三四十年代,出现了第一批尝试全面性报道的体育杂志,但最后都以失败告终。直到 1954 年 8 月 16 日,《时代》杂志的编辑亨利·卢斯(Henry Luce)创办了《体育画报》,起初报道的重点在游艇和马球上,目标人群为高端读者。《体育》(*Sport*)杂志在 20 世纪 70 年代曾与《体育画报》竞争过一段时间,但最终停刊。②

1983 年,《体育画报》成为全美第一份全彩页印刷的杂志,开启了体育杂志界的新潮流。《体育画报》凭借一贯质量上乘的独家赛场图片,成为体育杂志视觉美意的一种象征,并通过这种最简单直接的方式征服了世界各地的体育迷。③ 之后《体育画报》通过大幅彩色图片加长篇深度报道的方式找到

---

① 奈洪. 非速度型媒体——体育媒体的生存之道[J]. 山东体育科技,2009,31(4):52-55.

② 叶新. 美国杂志的出版与经营[M]. 北京:中国传媒大学出版社,2007:79-81,164.

③ 伦纳德·孟格尔. 期刊经营[M]. 朱启文、崔人元,译. 石家庄:河北教育出版社,2004:19,134-135.

了一条面向大众读者的发展道路,其以丰富的内容和出色的营销手段屹立体育杂志界至今。如今它已拥有超过二千三百万的读者,以及超过三百万的发行量。

到了 20 世纪,综合性的杂志逐渐走入衰落,专业化杂志繁盛,美国杂志进入各取所需的时代。体育杂志也走向分级化、市场细化、需求式办刊的道路,综合类体育杂志并不是体育杂志的主流。除了个别主要运动的专项体育杂志,还有一些专注大众参与的休闲体育项目的杂志,其中最多就是狩猎和钓鱼类,共有近 160 种,而户外休闲类也有 91 种。滑雪和冬季运动类杂志有61 种,田径运动类有 51 种,水上运动类有 37 种,以及接触性运动类有二十多种。专业运动类杂志有 28 种,其中包括保龄球、滑翔伞,以及专业骑公牛等运动(如表 5-1)。

20 世纪美国运动杂志统计　　　　　　　　　　单位:种

种类	数量	种类	数量
狩猎和钓鱼类	157	接触性运动	20
户外休闲类	91	高尔夫相关	72
滑雪和冬季运动类	61	枪支与射击类	29
田径运动	51	自行车	24
水上运动	37	专业运动	28

这些杂志的发行量从几万到几百万不等,它们的繁荣主要依赖其忠实读者支付较高的订阅费用,以及与某一特定运动项目或活动相关的广告费用。需求式刊物(niche publications)的盛行还缘于设备技术的进步会不断产生新的运动项目,所以总需要有一种杂志适应新的需求。

美国是传媒大国,报纸杂志的出版发行量居世界第一位,杂志的种类繁多,分类齐全。在美国每年都有数百种新杂志诞生,也有数百种老杂志消失。美国娱乐与体育电视台(ESPN)的前身曾是美国康涅狄格大学篮球队的一个报道组,从 1979 年诞生到 20 世纪末,经过不断地发展,它已成长为全球最具影响力的体育有线电视网。目前,ESPN 向 180 个国家和地区播放体育电视节目,它同时拥有全球最大的体育网站以及全球发行量最大的体育杂志——

《ESPN 杂志》，该杂志年创建于 1998 年，主要刊载棒球、冰球、篮球、橄榄球，以及溜冰、自行车和滑雪等体育运动的消息报道和特写文章，①并且在近几年得到快速发展，分别于 2003 年和 2006 年获得了美国国家杂志"综合优秀奖"，而在此之前，综合类体育杂志只有《体育画报》曾两次获得该奖项。2010 年两本杂志再次双双获得了该奖项的提名。另外，"古董级"的《体育新闻》也已开始与两本杂志竞争同样的读者和广告商，业内人士认为它的新闻更具权威性。《体育画报》《体育新闻》以及《ESPN 杂志》被认为是目前美国三大颇具实力的全国性综合类体育杂志。

二、美国《体育画报》杂志简介

作为世界著名杂志的《体育画报》(Sports Illustrated)，于 1954 年创刊于美国，是美国第一本综合性体育新闻周刊，也是当今全球发行量最大的体育杂志。与美国《时代周刊》(Time)、《财富》(Fortune) 并列，《体育画报》同为全世界最大的媒体集团——美国时代华纳旗下最为著名的杂志品牌。时代集团杂志出版系列的广告收入占全美杂志广告市场销售额的近 1/4，其中《体育画报》的年广告收入约为 8 亿美元。在美国如此之大的杂志消费市场，《体育画报》期发行量最高超过 300 万份以上，稳居美国周刊类发行量的前三甲②。

《体育画报》是第一本期刊发行量超过一百万、曾两次获得美国国家杂志奖"综合优秀奖"(National Magazine Award for General Excellence) 的杂志。在国际体育界，《体育画报》具有绝对的权威，其主办的"年度体育人物"评选更是美国社会界的一大盛事。③ 创办于 1964 年的"泳装特刊"也是每年夏季的一件盛事，引领着泳装时尚风向标，其中还包含了多种衍生产品的著名品牌，并被全球无数媒体效仿。从 1980 年开始到 2004 年雅典奥运会，《体育画报》一直是奥运会的顶级赞助商，也是奥运会"高级接待项目"的赞助商，并

---

① 孙有中等编著. 美国文化产业[M]. 北京：外语教学与研究出版社，2007：34-35.
② 董小川. 美国文化概论[M]. 北京：人民出版社，2006：157，162-168.
③ 陈凤兰等编著. 美国期刊理论研究[M]. 北京：中国传媒大学出版社，2009：9.

获准在其开发的各种接待项目和活动事件中使用奥运会标志。

《体育画报》将富有审美、表述精准的文字以及具有现场感和冲击力的图片展现给观众,带领观众亲临赛场的台前,深入赛事的幕后,倡导"体育就是生活",深刻改变了美国大众的生活。[①]《体育画报》也代表了美国一部分中产阶级的生活方式和态度,阅读《体育画报》的习惯伴随着几代人的成长,在几百万个家庭中传承。《体育画报》改写了体育媒体的历史,它使以往被忽略的体育报道跻身主流。凭借对质量高标准的不懈追求,《体育画报》在美国最杰出的新闻杂志中稳居一席。在当今全球化的时代,《体育画报》的标尺性影响力无人企及,并随着美国职业体育的广泛推广,其影响范围也辐射到了更多的国家和地区。

三、《体育画报》表现形式

体育杂志相对于其他媒体来说,虽说具有"时效性不强、互动性差、视听觉分离"等明显的劣势,但也有其独有的优势,如富有表现力的图片和专题策划以及内容丰富、多样等。此外,体育杂志在文章体裁上倾向于对明星人物的访谈、深度报道及评论,而消息类的新闻是比较少的,这也是体育杂志扬长避短、吸引受众的重要举措。

(一)封面人物及封面设计

封面是一本杂志的灵魂。对于读者来说,封面是他们接触杂志的第一途径,第一眼的感觉非常重要。封面的好坏决定着一本杂志能否在琳琅满目的零售亭中脱颖而出。依据"六秒钟决定论"(即读者在报刊亭前决定购买杂志的时间只有短短六秒),能抓住这短暂有效的时间并很好地利用是每一本杂志亟须解决的问题,所以对于体育消费类杂志来说,封面人物的选择和封面的设计就显得尤其重要。

一般出现在封面上的都是体育明星或体育界具有一定知名度的名人,即

---

① 高健.国际媒体的本土化战略——美国《体育画报》中文版编辑理念研究[D].中国人民大学,2008.

使这段时间某一明星并没有什么值得注意的新闻或成绩,但读者仍然会选择他们而不是一些看上去陌生的人。根据2006年《法制晚报》联合搜狐网站所做的"你最喜欢的杂志"调查结果,"对于新出的体育杂志",38%的读者会因为封面人物而选择购买杂志。随着社会的不断发展,人们对于文化的要求也越来越高,越来越丰富。而在现代社会,明星是时代的产物,也是一种文化现象,是现代媒介与传播的产物,市场的营销也离不开明星,他们多是在体育界成就卓越,表现突出,为大众瞩目的杰出人士,既传承了古代对英雄式明星的塑造与崇拜,又顺应了现代明星引领竞技体育发展的潮流,体育明星引发的积极影响,有效地推动了社会的进步与发展,其巨大的潜力有目共睹。在古代社会,西方的体育明星是军事英雄,欧洲奴隶社会曾出现过两种著名的教育体系,其中之一便是"斯巴达教育",其教育目的就是培养骁勇善战的军人和武士,以此来保卫国家,其教育内容几乎全是军事体育训练;而在中国,古代社会体育项目的开展主要集中在统治阶级范围内,因此体育明星多是统治阶级或被统治阶级奴化的人等一小众群体。

现代奥运兴起后,体育明星是英雄式明星,是人们眼中被人格化的神,人们用高度理想化的人体美的要求来塑造自身,崇拜肌肉美与力量美。随着现代奥运会的发展,群众参与体育运动的机会不断增多,调动了群众参与体育运动的积极性,增强了体育运动的全民性,群众的运动成绩也有所提高。体育明星不仅有"英雄式明星"的含义,而且体育明星在人们眼中的含义也趋于多样化,比如体育明星是运动健身的榜样,体育明星是健康的代言人,体育明星是顽强拼搏奋斗的象征等。无论是从体育精神上,还是在竞技水平上,体育明星都在激励着现代人要英勇顽强、坚持不懈,而这也是社会长治久安、国家稳定发展的坚固基础。

作为一本成功的体育杂志,《体育画报》对于封面的重视程度不容小觑,在其官方网站的数据库中仍保存着至今所有出版过的封面。在每年美国男子职业篮球联赛开赛伊始,《体育画报》会适时推出区域封面,即东部和西部发行的同一期杂志各选择当地一名最具代表性的明星球员作为封面人物。同一本杂志在不同地区发行不同的封面。

《体育画报》的封面人物通常是著名的体育运动员或教练,有时也会特别制作一些向已故知名体育人致敬的封面。除体育人士,《体育画报》的封面上还出现过对体育运动作出杰出贡献或产生巨大影响的美国总统或名人。其杂志封面人物的选择多具有着鲜明的美国特色,登上封面的人物大部分拥有美国国籍,也多是效力于美国四大职业联盟或从事美国人关注或喜爱的运动项目,如拳击、高尔夫、田径、网球等。《体育画报》从创刊至今,登上封面次数最多的人物中有三位是美国男子职业篮球联赛的运动员——迈克尔·乔丹、贾巴尔和"魔术师"约翰逊,而登上封面次数最多的运动是橄榄球、棒球和篮球。

(二)栏目设置

《体育画报》的栏目设置见表 5-2 所示。

表 5-2　《体育画报》常规栏目设置

栏目名称	内容介绍
Leading off	明星专栏,关于明星的专题特稿
Scorecard	由各运动项目的专业记者撰写,报道各自领域内的新闻及传闻,项目报道会选取出版日期最新的赛事
Faces in the Crowd	业余运动员及其成就的专题报道
The Point After	专栏,《体育画报》的专栏作家及他人撰写的、位于杂志最后部分的专栏,内容各不相同,重点体现在体育界及体育对社会起到的作用

北美体育新闻报道的议程设置以四大联盟——职业橄榄球联盟(NFL)、职业棒球大联盟(MLB)、职业篮球协会(NBA)、职业冰球大联盟(NHL)为主。根据美国的一项调查,美国民众当中有 25% 的人是 NFL 的球迷,14% 的人是 MLB 的球迷,9% 的人是 NBA 的球迷。无论在收视率还是在利润等方面,排名都是 NFL、MLB、NBA、NHL 这四项运动,这也是北美观众最喜欢的四

项运动。但在其他地区,除了 NBA,其他项目很难取得全国性的关注。[①] 除此之外,每年《体育画报》还会出版 40 期高尔夫增刊(SI Golf Plus),投送到 50 万爱好高尔夫运动的读者家中。每个月《体育画报》还为 45 万参与多项户外运动的读者设有固定的"冒险" (Adventure)板块,来介绍户外和极限运动。

美国并没有综合类的体育报纸,因此周刊形式的《体育画报》在资讯上具有一定的优势,从栏目设置的角度看更注重新闻性,一定程度上充当了体育报纸的部分新闻功用。报道的内容偏重个人,写作风格重故事性,注重彩色照片的自由使用;同时加入球探报告、专业体育评论家深度报道、摄影艺术家作品、高中橄榄球每月之星运动员奖的评选等,杂志中间还插入运动卡片,增强了趣味性。《体育画报》曾获得过 9 项美国国家杂志奖。这些奖项的获得充分证明了《体育画报》各方面杰出的成就已经获得了业界的认可。随着体育的发展,体育明星越来越多的影响着社会的发展,他们在传播体育思想、提高竞技水平、挑战技术巅峰、超越人类极限、带动体育产业、刺激体育消费、促进学校体育、推动全民健身、增强国民体质等方面都起到了非凡的作用。

发展至今,体育已经是集健身、娱乐、竞技于一体的高度文明,代表着生命活力与活力,体育明星就是体育文化的载体、体育文化的具体表征、体育文化的传播窗口。某种意义上讲,体育是集审美、价值、观念、气质与智慧于一体的精神文化体验。不论人类在体育交流中产生多大的碰撞,都会被这种极具包容性的文化形态包容,体育明星们永远激情四射、活力无限,为体育文化交流贡献着力量。

(三) 图片的运用

图片在杂志版面中的作用越来越重要,是最直接的视觉语言。有许多读者会因为杂志中有自己喜欢的明星图片就产生购买欲望。图片同文字一样,也是一种传递信息的符号,但它比文字更直观、更生动,加上体育运动本身就

---

① Roland Wolseley. *Understanding Magazines*[M]. Ames:Iowa State Unversity Press. 1965:9–10.

具有极强的动感和美感,所以体育图片具有很强的刺激性和冲击力,更容易吸引读者的注意,更容易被读者接受。

图片的运用也受到广泛的关注,首先是体育杂志图片的选择,需要结合国家当前重大体育赛事,以明星为主要选择对象,多采用特写、高清晰的图片。其次,图片的后期处理也很重要,通过调整图片的大小、色彩、位置,再加上重新组合、剪裁、排版等处理,图片的视觉愉悦性和趣味性就得到了加强。欧美杂志主编70%的时间要花在与美术总监选片、确定构图、色调的处理等工作上。在《体育画报》之前,没有一家杂志敢以如此多的版面刊登图片,它也开创了一个图配文的时代。①

(四) 深度报道

自20世纪初开始,美国以杂志为主体的新闻界就掀起了一场"耙粪运动"(muckraking movement)。"耙粪者"(muckraker)一词是当时美国总统西奥多·罗斯福(Theodore Roosevelt)对揭露社会腐败与丑恶的新闻工作者的称呼。② 这场运动揭露了很多社会问题,引起了社会的关注。虽然随着第二次世界大战的临近,美国民众的注意力转向欧洲战场,"耙粪运动"开始衰落,但这场运动促使美国新闻业形成了调查性报道的传统,并持续至今。身处美国新闻圈的《体育画报》也保持着深度报道的传统。

在信息大爆炸的今天,人们的生活节奏越来越快,生活压力也越来越大,无论是报纸还是网络,都以简明、篇幅短小、信息量大为追求目标,而《体育画报》仍坚持传统的、以长篇描述报道配以具视觉冲击力的图片报道为特色,旗帜鲜明,传统而厚重,在美国体育杂志界一枝独秀。虽然近年来也受到了《ESPN杂志》的冲击,但《体育画报》依然屹立不倒,维持着其美国中产阶级文化的优雅形象。

《体育画报》的副总编大卫·鲍尔(David Bauer)接受采访时曾提及:"我

---

① 薛中军.中美新闻传媒比较:生态·产业·实务[M].上海:复旦大学出版社,2005:49.

② 明安香.美国:超级传媒帝国[M].北京:社会科学文献出版社,2005:283.

们总是愿意毫无保留地报道关于体育的一切真相,绝不掩盖其中的丑陋,这构成了我们的声誉中重要且持久的部分;《体育画报》总是被称为'体育的良知',我认为这是一个恰当的描述。此外,我们一直是,并且将继续做一本精心编写的杂志,我们的作者和工作人员是这个行业中最好的,我们认为我们比任何其他人都做得更好。"①

《体育画报》拥有一批业内知名的记者和专栏作家,他们所做的报道坚持挑战美国体育界的传统思维和错误行为。比如,《体育画报》对棒球运动中使用类固醇的报道曾引起美国社会的关注、公众的强烈抗议,美国国会甚至因此举行了听证会,以此改变了集体谈判协议中棒球主要联赛相关测试的药物类别。

《体育画报》的这种以"故事讲述"为深度报道的模式,多年来也产生了多篇调查性报道的佳作。2004 年,该刊创办 50 年之际出版了《体育画报:50 年的伟大写作》一书作为创刊 50 周年的献礼。书中收集了 50 年来《体育画报》的记者和专栏作家所撰述的优秀作品,其中许多作品自身甚至可以作为优秀的文学作品来阅读。2003 年《体育画报》获得美国国家杂志奖"最佳传记写作奖","最佳传记写作奖"是为表彰优秀的传记写作而设立的奖项,其所谓的"优秀"就表现在作者处理写作对象过程中表现出的灵活笔法和新颖的角度。这一奖项充分证明了《体育画报》在写作方面的杰出成就已获得了业界的认可。

然而,深度报道在为《体育画报》获得社会声誉的同时也为它带来了某些负面效应,即年轻读者的流失。《体育画报》长期以来坚持自己的一贯作风,拥有相当固定的专栏作者队伍,但这也存在着一定的问题。这些专栏作者年纪越来越大,文字也欠缺新意和变化。《体育画报》的核心读者群多为中年中产阶级的男性群体,他们通常具有一定的社会地位和经济实力,关心社会问题,愿意花时间来阅读长篇的深度报道。可是长篇阅读对于 30 岁以下的年轻人甚至是青少年来说就欠缺吸引力,《体育画报》的读者平均年龄偏大对吸引品牌投放广告极为不利。而此时创刊于 1998 年的《ESPN 杂志》

---

① 王文洁.中美体育报道的跨文化比较[D].武汉体育学院,2007.

发展迅速,尽管在发行量上很难超越办刊历史悠久的《体育画报》,但其依托电视资源的优势,在体育快报方面享有盛誉。尽管内容较少,就寥寥几篇主要文章,但其娱乐至上的风格正是相对于较正统的《体育画报》而采取的相异市场策略,其以更尖锐的报道和独具特色的设计感染吸引着读者和青少年产品广告商。从《ESPN 杂志》近年来的表现看,这一策略似乎更迎合时代精神并带来了成长效益,足见其成功之处。

(五) 所属传媒集团

《体育画报》归属于媒体行业巨头时代华纳(Time Warner Inc.)的旗下。时代华纳是美国的一家大型跨媒体公司,是由时代周刊公司与华纳传媒公司于 1989 年合并而成。时代公司与华纳兄弟公司都成立于 1923 年,《时代》杂志的创始人于 20 世纪 50 年代创办了《体育画报》。2000 年,时代华纳又与美国最大的网络运营商——美国在线(AOL)合并。目前时代华纳的一级分支机构有时代华纳图书、时代华纳有线、影视产品及分销和时代华纳期刊等。其中时代华纳期刊集团旗下共有杂志近 70 种,《体育画报》是其中较知名的品牌。① 在当今的媒体环境下,美国的知名体育杂志如《体育画报》和《ESPN 杂志》,都不只作为一本杂志而存在,而是利用其背后集团所拥有的一切媒体资源来保证自身的发展,规模化的经营,打造传媒巨头,充分整合利用资源,以此作为体育杂志发展壮大的必由之路。

(六) 发行

发行收入是平面体育媒体最为主要的收入来源。发行量是吸引广告的基础,拥有稳定且足够数量的读者群,才能使广告商从中看到投资的价值。

每期《体育画报》杂志都会附赠一张订阅卡片,只要订阅全年 56 册杂志,就可以得到相应折扣,每期杂志平均下来不足 1.3 美元,而且免费赠送NFL 美国职业橄榄球联盟的外套。2015 年上半年,《体育画报》的期刊发行

---

① 拉里·A.萨默瓦,理查德.E·波特.跨文化传播;第四版[M].闵惠泉、王纬、徐培喜,等).北京:中国人民大学出版社,2013(9):56-66.

量约为三百五十万册,位列全美消费类杂志的第 15 位。与中国体育杂志以零售为主不同,《体育画报》多年的品牌效应已培养了一批忠实的读者,零售杂志只是非常小的一部分。[①]

除了在时代公司的官网上可以订阅包括《体育画报》在内的时代公司旗下的各种杂志,在《体育画报》的官网(www. sportsillustrated. cnn. com) 上也设有完善的读者服务系统,读者可以留下自己详细的联系方式和邮寄地址来订阅杂志。服务选项可包括:在线支付、续订、查阅支付状态、更换邮寄地址、暂停订阅、拒绝泳装特刊及在线帮助等,几乎涵盖了订阅发行的方方面面。此外,《体育画报》还提供其他衍生产品的订购,以及给编辑写电子邮件等服务板块。此外,在"联系我们"板块中有详细的分类来处理读者和网友不同类型的反馈信息。在美国最流行的社交网站 Facebook 上,《体育画报》开设了其专有页面:http://www. facebook. com/SportsIllustrated,在风靡全球的微博网站 Twitter 上也有注册。

(七) 广告经营

期刊杂志的广告经营具有如下的优势:强烈的符号标识,便于反复阅读,长久保存;贴身便携,切入个体空间,具有亲密影响;特种印刷、状物逼真;无所不至,弥散传播。[②]

美国出版商信息管理局(PIB) 的数据显示,2015 年上半年,《体育画报》的平均期刊发行量高达 350 万册,居美国第 15 位,但它的广告总收入高达四亿两千多万美元,位居美国杂志的第 3 位,其中广告收入占很大的比例。[③]

2008 年奥运会之后,美国的三大体育杂志同样经历了广告额和广告页数的大幅下降,其中《体育新闻》的降幅最为明显,达到了 20% 以上;《体育画报》的降幅也超过了 10%。经过一年的调整之后,2010 年三大杂志的广告额和页数都有所增加,其中《ESPN 杂志》的增幅最大。可见读者定位较为年轻

---

① 常延廷. 期刊品牌的基本特征与形成理念[J]. 北方论丛,2003(3):118-120.

② 端木义万主编. 美国传媒文化[M]. 北京:北京大学出版社,2001:63-67.

③ 美国出版商信息管理局(Publishers Information Bureau,简称 PIB)。

的《ESPN 杂志》受到后奥运的冲击较小。《体育画报》的出版人法比奥·弗雷伊尔曾表示,就广告方面来看,《体育画报》的竞争对手不仅是其他的体育杂志,还有新闻类周刊、男性杂志、电视网体育节目杂志等,其面临的广告市场竞争日益激烈。但《体育画报》有重要的特许经营权,由此可开发出更多的新的产品。在 70 个大学校园中发行的周刊《体育画报·校园版》就是与《ESPN 杂志》竞争年轻读者的策略之一。

表 5-3 美国三大综合类体育杂志 2009、2010 年前三个季度广告情况

杂志名称	广告额(美元)		增减幅(%)	广告页		增减幅(%)
	2010	2009		2009	2010	
体育画报	399721699	424353178	6.2	1129.82	1161.58	2.8
ESPN 杂志	168066800	214767321	27.8	779.68	969.85	24.4
体育新闻	16041675	16435205	2.5	248.36	290.86	17.1

资料来源:美国出版商信息管理局(PIB)。

《体育画报》广告的外观形式新颖多样,除传统的内页或拉页海报,内页中有时还会出现可折叠展开的广告海报,而我国体育杂志附赠的海报多为单独赠送,有些夹在刊物中,有些附有塑料外包装。

综合性的体育广告主要看特色板块怎样做。运动、品牌和杂志的三结合运用得当,有可能取得"三赢"的局面。《体育画报》就有这样一个"三赢"的合作经典案例:为了给其长期合作的客户福特汽车公司做促销,《体育画报》1997 年出版了一期"波士顿珍藏版:《体育画报》最佳波士顿体育故事"的增刊。波士顿红袜棒球队的传奇人物泰德·威廉姆斯(Ted Williams)成为封面人物,这期珍藏版的独家代理商就是福特汽车公司及其新英格兰区(美国本土的东北部地区)的代理商。除广告收入,《体育画报》还在该区的 6 个州零售出了约 48 万册的增刊。另外 6 万册赠送给了参加"福特之日"的体育迷们。新英格兰区的福特代理商还用它来作为顾客试车的奖励和特别邮件的赠品。《体育画报》在波士顿的四季大饭店举行了这本珍藏版的首发式,福特汽车公司的高级管理人员、汽车代理商、众多体育明星和媒体都参加了该

活动。总体来讲,多方都从这次宣传活动中受益。福特汽车向杂志的广大读者,同时也是潜在客户传递了信息;而《体育画报》与广告商和读者都进行了良好的互动,扩大了影响力。这次"波士顿珍藏版"获得的成功,使《体育画报》积累了经验,后来还在其他地区组织了类似的宣传活动,并很好地推广了这一经典的杂志广告案例。

《体育画报》每年的"年度体育人物评选"受到了媒体的广泛关注,此举达到了宣传杂志的目的,同时也使广告商从中获益。每年的泳装特刊承担起杂志推广宣传的重头戏。"软广告"的作用同样不容忽视,《体育画报》曾于2005 年获第 40 届美国国家杂志奖"最佳生活休闲奖"。[1] "最佳生活休闲奖"则表彰在生活休闲领域表现突出的杂志。这些杂志提出的意见或建议应该对读者的业余爱好(如运动、旅游、休闲、时尚、设计、艺术以及娱乐等)有所帮助。同样,文章应具备很强的实用性和推荐性。这些为读者生活提出的建议就有"软广告"的因素,欧美读者热爱户外运动,因此户外运动器材和装备的广告与体育杂志联系非常紧密。

(八) 泳装特刊及衍生品

欧美等发达国家的杂志经营奉行前卫的"三次售卖理论"。第一次售卖是指"卖内容",杂志以其精彩的内容吸引读者,扩大发行量,使杂志有可能获得发行收入,所以第一次售卖是杂志发行收入的基础。第二次售卖是"卖读者群",定位清晰、内容精彩的杂志拥有一定数量且相对固定的读者群,这个读者群是杂志吸引广告的资本,所以第二次售卖是杂志广告收入的基础。第三次售卖是出售杂志的"品牌资源",利用品牌资源发展衍生产品。主要方式有重印或合订本、特刊或增刊、图书和光盘、数据库、网站、会展、品牌授权等。

实践杂志经营"三次售卖"理论的关键是经营好自己的品牌,杂志是品牌媒体,一本有影响的杂志在其读者群乃至整个社会上都拥有良好的知名度

---

① Roland Wolseley. Understanding Magazines[M]. Ames: Iowa State Unversity Press. 1965: 9–10.

和美誉度。相对于第一次出售出版物获取发行收入和第二次出售读者获得广告收入,第三次出售的就是品牌资源来发展衍生产品进行延伸服务来盈利。

泳装特刊是《体育画报》的首创,自1964年创办至今每年出版一期,一直具有良好的销量和口碑,目前已成为美国出版界的一项年度盛事。泳装特刊还拥有自己的电视节目、视频和挂历等衍生产品,围绕特刊会相应地举办一系列的活动,也为杂志的品牌推广不断造势。

《体育画报》的其他衍生产品包括《体育画报·儿童版》(*Sports Illustrated Kids*),《体育画报·女性版》(后因广告收入不佳已停刊),《体育画报·校园版》(*Sports Illustrated on Campus*),体育画报年度数据版(*Sports Illustrated Almanac*),SI. com体育资讯网站,《体育画报·澳洲版》,《体育画报·加拿大版》,赛事特刊等。[①] 其中,网站SI. com和《体育画报·校园版》是出于商业目的的考虑,为争夺市场中的关键人群——年轻读者而特别加强、重点推出的品牌延伸。通过更为细化的衍生产品,《体育画报》扩展了自己的受众人群。

此外,在美国主流手机苹果(iPhone)和黑莓(BlackBerry)的官方网站均可下载《体育画报》的应用程序,可用手机阅读电子版杂志、观看相关视频等。《体育画报》与同属时代华纳集团的美国有线电视新闻网(CNN)合作,每日播出以《体育画报》命名的电视栏目,使得《体育画报》的相关活动如年度体育人物评选、泳装特刊等通过电视这一平台得到更广泛的推广,也使得《体育画报》这一品牌更为众人所知,渗透到人们的日常生活中。

(九) 读者群体构成

2003年的调查数据显示,不同于经常看电视的观众,在美国经常订阅杂志的群体是经济相对富裕、受教育程度较高的群体,他们也是由于专业职务的需求去阅读杂志,其平均年龄在42岁,而经常看电视的观众平均年龄是50

---

① 伦纳德·孟格尔. 期刊经营[M]. 朱启文、崔人元,译. 石家庄:河北教育出版社,2004:19,134-135.

岁;其中专业人士、管理人士的比例比电视观众多一倍。占美国人口约 1/10 的 2100 万"有影响力的美国人"中,八成人每周至少阅读 2~3 次,比一般人高出 35%;近 2/3 的人通过杂志获取新闻或信息,比一般人高出近三成。

每周大约有二千三百万成年人阅读《体育画报》杂志,其中 1800 万为男性,男性读者占所有读者的 78%。据统计,《体育画报》的读者平均年龄为 37 岁并且有逐年上升的趋势,明显高于美国另外两大体育杂志——《体育新闻》(读者平均年龄为 36 岁)和《ESPN 杂志》(读者平均年龄为 31 岁)。[①]

负责杂志整体规划、选题和版面设计的副总编大卫·鲍尔在谈到《体育画报》成功秘诀时曾这样说:"我认为《体育画报》对其读者有着清晰的认识,我们了解我们的读者以及他们想从我们这里得到哪些信息,但同时我们也知道如何带给他们惊喜和挑战。我认为,互动关系的优势是我们不断获得成功的关键。"《体育画报》以订阅为主,多为居住高收入社区的中产阶级男性,爱好体育,具有良好的经济基础和一定的闲暇时间。《体育画报》正是靠着如此精准的定位才牢牢把握住市场的份额。

(十) 办刊理念

《体育画报》的定位是体育新闻周刊,以"体育就是生活""阳光下的运动"等鲜明信条,赢得了美国乃至全球体育迷们的赞赏和认可,从而成为跨越半个多世纪的经典体育类刊物,"体育即生活"是它一直遵从的理念。[②] 它也在一直坚守自己的办刊理念,努力将体育新闻的报道做到极致,同时也带给读者视觉上的享受。体育娱乐化的同时,与电视、广播以及网络争夺年轻读者是近年来《体育画报》所面对的问题。但是在专业体育杂志盛行的时代,美国仍然有许多的体育迷对于多种体育运动有着浓烈的兴趣,从这个角度上讲,《体育画报》是唯一以星期为周期满足体育迷需求的刊物。

① Brad Schultz. *Sports Media: Planning, Production, Reporting* [M]. Burlington: Focal Press, 2005:55-64.

② Roland Wolseley. *Understanding Magazines* [M]. Ames: Iowa State Unversity Press. 1965: 9-10.

四、美国体育主流价值观

不断进取、公平竞争是美国人追求的核心价值观念。美国人崇尚在机会均等的基础上进行自由竞争,而有组织的体育运动是一个实施机会均等、公平竞争的最佳表现方式。在体育运动中,不同种族和不同经济背景的人都有超过别人的平等机会。因此美国人喜爱体育,不仅喜欢观看体育赛事,也喜欢参与其中。出于这个原因,社会学家哈里·爱德华注意到,美国人把有组织的体育运动看作"一个实验室,不论社会阶级,任何男青年们都能在这个实验室中学到竞争体制的优点并得到回报"。竞争的思想是美国有组织体育运动的核心,因此,美国专注大众参与的休闲体育项目杂志更为细化,类别也更多,如狩猎钓鱼、户外运动、冬季运动和滑雪、水上运动、高尔夫等。

很多美国人认为,在体育运动中学会如何取胜有助于在今后的生活中养成奋力拼搏、追求成功的习惯。这种训练、这种意识反过来又从总体上强化了美国社会。同一些中学和大学有联系的业余体育运动,因传递给青年人传统的美国价值观而受到尊重。除了赢利和娱乐的目的,职业体育运动还提供了一种鼓励青年人参与有组织体育运动的范例。在把传统的基本美国价值观作为一种激励机制的过程中,有组织的体育运动已成为"国家宗教"的一部分,一方面是一种爱国精神和国家自豪感的混合物,另一方面又具有宗教思想的特征。① 与美国的任何其他职业相比,体育运动中可能有更多的虔诚基督教徒,不仅有社团的,还有专业的。

由于美国人重视体育运动,因此大多数体育运动项目在美国已经普及社会底层。由于美国崇尚健身活动,因此先进的体育锻炼设施比比皆是,为普通人提供了便利的锻炼条件。由于美国人相信体育水平能够体现出一个民族的精神面貌,因此美国政府在体育科研和运动员训练上都乐于斥巨资,这为运动员创造优异成绩提供了必要的条件。从文化意义上讲,美国人在体育运动上表现出来的坚韧不拔的精神和疯狂热烈的激情恰恰反映了美利坚民

① 姚治兰,郭煜.体育期刊的"三味"[J].时代文学(下半月),2008(6).

族敢于冒险、勇于拼搏、乐于挑战的个人主义观念。从社会意义上讲,美国广泛开展的体育活动为提高国民素质、消除种族隔阂、增进民族团结、促进社会稳定和加强爱国主义精神都起到十分积极的推动作用。

个人主义是美国文化的核心,"个人主义深深植根于美国社会历史之中"等观点早已成为美国学者的共识。① 个人主义的核心理念是一切要以人为中心,社会要体现个人的意愿,政府要保护个人的利益,个人有权决定自己的一切。美国的个人主义表现在个人奋斗、勇敢和冒险精神;个人尊严、个人地位和权利的追求。个人主义也可以说是美国新闻报道的核心。美国新闻经常强调"个性、个人、独特"等,以强调团体和个人的个性和特异,加强大众的认同感。因此在美国体育杂志的图片及文字上都体现出体育明星及媒体追求"个性"的痕迹,美国的运动员个性十分开朗,乐于表现自我,因此对于杂志大片的拍摄非常配合,这样便形成了杂志与明星的良性循环。

美国虽然是一个信奉个人主义的国家,但"合众为一"也是美国人的理想,美国人的竞争是在相互合作的基础上进行的。美国人既讲竞争又讲合作,唯有如此,美国社会才保持了竞争与活力,成为世界上经济最发达的国家。美国人常以个人主义者自居,但生活中美国人对团队精神也是很看重的。因此无论男女都对团体性运动项目有所偏好,这种偏好占绝对优势,这也是美国体育项目长久不衰的重要原因。

第二节　美国体育文化传播媒介——电影

体育电影是体育文化产业中的亮点,娱乐性和艺术性的结合可以提升体育文化的影响力。体育电影是以与体育相关的人和事物为题材,以体育运动为核心,以人物塑造为基础,以烘托公平、健康和竞争精神为主旨,以视觉冲

---

① 奈洪. 非速度型媒体——体育媒体的生存之道[J]. 山东体育科技,2009,31(4):52-55.

击给人以震撼的、经过长期发展形成的电影类型。[①]纵观全球电影的发展，发达国家的体育电影发展较早，市场发展趋势较好，体育电影中蕴含的体育文化、体育精神增进了受众对体育的认知，其自身的娱乐性又在一定程度上对观众形成吸引力，也可进一步推动体育文化产业的发展。

一、美国体育电影的发展

美国是世界上发展体育电影最早的国家，也是体育电影生产大国，体育电影的发行数量始终位居世界第一。美国体育电影的题材丰富，涵盖棒球、篮球、橄榄球、拳击、赛车、马术、体操等二十多个运动项目。发达的金融体系和深厚的体育文化内涵使体育电影在美国体育文化领域中占有特殊的地位，并对世界其他国家的体育发展产生了巨大的影响。根据美国的体育历史发展过程，通常把美国体育电影的历程分为五个阶段。

（一）工业革命后发展（1893—1929 年）

19 世纪末，美国完成第二次工业革命，城市化和工业化完成转型，这使得美国社会财富急剧增加。娱乐、休闲等生活内涵充斥着整个社会，体育电影的发展也迎来了史上第一个春天。刚起步的"类型电影"紧抓社会热点，借助体育运动的题材，通过构筑情节、塑造人物、体现价值的灵魂三部曲过程，展示了美国社会的性别、种族冲突、阶级对立等一系列城市化所带来的社会问题。这一时期的体育电影均是黑白片，以大学体育为题材的体育电影首登荧屏，这为美国大学体育运动的发展奠定了基础，也为大学体育精神的塑造和宣扬起到了推进作用。《黑玛丽》《为了妈妈》《最后一战》等都是这一时期的代表作。其中《最后一战》是一部由维克多·弗洛根维吉拍摄的关于玛洛丝·柯尼恩的纪录片。玛洛丝·柯尼恩是综合格斗界的超级巨星和先行者。尽管她的职业生涯已将完结，但她依然渴望参加人生的最后一场比赛，夺得冠军。

---

① 宋薇.美国体育电影的发展历程及其主题倾向研究[D].北京体育大学,2008.

(二) 好莱坞全盛时期的发展(1930—1946 年)

这一时期美国的科技水平不断提高,此后出现了彩色电影。随后由于第二次世界大战的打击,经济逐渐萧条。这时候,政府号召民众参战,通过电影激励人们从经济危机中走出来,在此期间,美国拍摄了《大学新生》《舐犊情深》《一球 1000 美元》等体育电影。这些影片具有强烈的喜剧色彩,在幽默、讽刺中展现了各种体育运动,用喜剧的方式展现普通学生与运动结缘,并最后实现梦想的故事。以《大学新生》为例,影片讲述了一个对大学生活充满憧憬但十分单纯的大一新生,为了成为学校的焦点人物而发生的一系列喜剧故事。在经历一系列令人啼笑皆非的事件后,主人公哈罗德·拉姆不但没有成为大家追捧的对象,反而成了人们的笑柄。最后,他把梦想的实现寄托在成为校橄榄球队的球员上。在实现梦想的过程中,女孩佩吉的鼓励给了他无限的勇气和信心。最终他如愿参加了一次重大的橄榄球对抗赛,虽在比赛中历经艰辛,但他还是力挽狂澜,帮助球队赢得了最后的胜利,也赢得了同学们的尊重,并收获了爱情。影片展现了主人公通过不断的努力,在各种幽默、搞笑的场景中,从小人物蜕变成校园英雄的故事,将喜剧与励志两种元素完美地融合在一起,这也是这个时代体育电影的显著特点。

(三) 现实主义下的发展(1947—1968 年)

现实主义时期,美国社会动荡不安。而后转入经济复苏时期,体育便在美国发展起来,与此同时,政府也加强了校园体育教育的普及。这一时期,美国电影所展现的内容主要围绕社会问题而展开,大多围绕英雄主义、爱情、亲情、友情等展开。影片讲述人们如何在体育运动中实现自己的梦想,通过小人物转变为大英雄或是获得尊重、得到认可的故事。《光荣之都》《碧血黄沙》《乔丹先生出马》《扬基的骄傲》《玉女神驹》等都是这一时期较为出色的体育电影。其中《扬基的骄傲》是这类影片的代表。影片讲述了一个贫穷的德国移民家庭的独生子为实现棒球梦而努力和奋斗的故事。主人公卢·盖瑞格在被哥伦比亚大学录取后,其体育天赋被一名体育记者发现,但为了实现母亲希望他成为工程师的愿望,他放弃了进入职业棒球队的机会。随后,因为给身患重疾的母亲治病,他进入了职业棒球队,开始了自己的职业运动生涯。经过不断努力,他成为扬基队的头号选手,并收获了一份甜蜜的爱情,拥有了幸福的家庭,成为幸运儿。但接踵而来的疾病将他推向了人生的低谷,他患上了绝症,必须结束职业棒球生涯。球迷们聚集在体育场内,向这位英雄道别,在告别演讲上,盖瑞格向家人、朋友、媒体和队友表达了真诚的谢意,认为自己仍然是世界上最幸运的人。影片主人成为美国人向往的英雄,他的成功对许多外来移民产生了激励作用,他的奋斗历程成为实现美国梦的典范,具有强烈的时代性和现实意义。正如兰迪·威廉斯所说:"这部影片是在美国即将卷入第二次世界大战前期放映的,影片中所展现的有关胜利和失败的主题,就像那个从未被深刻呈现过的美国梦一样,打动了观众。"①

(四)新好莱坞时代的发展(1969—1992 年)

19 世纪后期,美国体育逐渐发展成熟,体育也渐渐走向商业化。与此同时,电视、网络等新兴技术蓬勃发展起来。"新好莱坞"除延续了以往好莱坞的风格,还借鉴了许多欧洲艺术电影的手法,创作了一些具有个人化色彩的影片,如影片《约尼尔·邦纳》(1972)便展现了一种不同于现代社会的生活方式。影片映射出了美国西部那种古老环境中的风土人情,这些骄傲的人们宁愿死也要坚守着那些他们热爱的价值观,他们生活简朴但相互忠诚,他们不愿与现代生活中那些贪婪、堕落和冷漠的人为伍。《伟大的星期三》(1978)通过一种半自传体的形式,追寻了主人公对冲浪运动的怀念,也回忆了剧中人的成长岁月,传达出令人感伤的怀旧之情。

(五)高科技下的发展(1993 年至今)

高科技背景下,好莱坞逐渐走向商业化,电脑特效和放映技术也进一步升级。这一时期的美国电影主要关注女性题材和成熟的体育商业化、职业化

---

① 兰迪·威廉斯.好莱坞院线——100 部好莱坞经典体育电影[M].付平,译.北京:中国民主法制出版社,2009:283.

等方面。作品中往往包含了浓郁的娱乐性和商业性气息,并包含了独特的风土人情、宗教、主流价值等丰富多样的美国文化特质。代表作有《百万美元宝贝》《点球成金》《弱点》等。《百万美元宝贝》作为美国20世纪80年代以来的代表作,通过拳击运动向大众宣扬体育文化。透过拳击这一项目,生动地刻画了主人公为理想而努力奋斗的成长历程,也折射出体育精神与美国体育文化的碰撞,从而彰显了海洋型文化的宽广包容,为美国体育电影的发展注入了深刻的文化内涵,引领观众对生命与个体价值的进一步反思。

二、美国体育电影的主题内涵

美国体育电影发展较早,深厚的国家文化和体育文化丰富了体育电影的内容,从最初对"英雄主义"的宣扬,到后来对"美国梦"的诠释,美国体育电影的主题越来越富有内涵和深意,所涉及的体育项目越来越广泛,不仅有主流的拳击、赛车、橄榄球等运动,还有滑板、冰球等新兴运动项目。

(一)励志主题

从文化传播方面看,体育励志题材的电影作为一种"敞开"型媒介模型,能够合理承载、兼容社会所需要的多种主流价值,并通过强大的宣传模式进行有效输出,荡涤颓废的文化氛围,促进社会和谐发展。从叙事手段上看,体育励志题材电影大多采用平衡、打乱、重新平衡的模式,这与体育训练的超量恢复理论有异曲同工之妙。而从价值方面看,美国社会所追求的美好境界在体育电影中能够得到放大和加强,在狭隘的时间内得以重点阐释。美国体育励志题材电影凭借生动的叙事手段和对人性接地气的展示让观众感动的同时,还能促其思考人生的价值和规划,从而让社会的发展走向积极、进步。美国体育电影处处体现着励志主题,通过主人公的坎坷成长历程来激励观众去勇敢地追求理想。无论是《弱点》中无家可归的非洲男孩迈克尔·奥赫,还是《洛基》中出生在贫民区的业余拳手洛基,都是经过不断奋斗,最终实现自己的理想。

（二）反映现实社会

美国的体育电影不是单纯的励志，而是对社会问题进行了一定的反思和反映。如2017年上映的影片《我，花样女王》，根据真实事件改编，讲述女性花滑运动员托尼亚·哈丁的成长故事和职业生涯中的丑闻风波，主角悲惨的身世和经历并没有换来圆满的结局。但影片通过喜剧元素，用轻松愉快的叙事方式讲述主角的悲剧人生，对美国现代家庭、社会道德、体育规则、网络暴力等问题进行了批判和思考。

但是，美国现今高度商业化的体育电影趋于追求高票房和获取高收益，像《速度与激情》这样的商业大片占据了很大的市场空间，影片中大量犯罪、爱情等多种非体育元素的融入渐渐淡化了体育电影对体育本质精神的体现。

三、美国体育电影市场的趋势特征

美国体育电影从制作生产到放映消费都继承了好莱坞模式的商业性和市场性，发达的金融体系为电影的融资提供了便利，使电影的制作水平领先于世界。商业化和市场化下的美国体育电影正是美国高度职业化和商业化体育的缩影。

（一）商业化的生产

生产上，美国影视业的发展已相对成熟，美国体育电影一般由制片公司负责拍摄制作，再由发行方发行，最后通过放映商在院线放映。以派拉蒙、索尼影业、环球、华纳、20世纪福克斯和迪斯尼为主的六大影业巨头可以独立制作和发行影片，还可为独立的电影制片人提供融资帮助和发行服务，它们拥有强大的财力和先进的制作技术，在本土市场饱和后开始瞄向海外市场。由于反托拉斯法案的规定，美国电影的放映部门与大型电影制作发行公司分离，放映部门拥有自主选择放映的权利。[①]

---

① 冯苇.好莱坞体育电影与美国体育文化[J].体育文化导刊,2011(12).

(二) 满足多样的体育消费需求

消费方面,电影消费成为美国民众生活消费的一部分,也成为拉动美国经济增长的一大动力,更为体育电影在美国的发展创造了良好的经济环境。针对不同的群体对电影的题材喜爱偏好不同,美国影院也为不同的人群打造了不同的影视院线,如有体育院线专门播放的体育电影,有儿童院线专门放映儿童电影,有艺术影院专门放映的艺术片等,最大化地满足观众多层次的观影需求。[①] 尽管如此,院线的放映价值依然是有限的,因此,美国的电影公司对电影的相关产品和衍生品进行了大量的开发。比如体育电影《空中大灌篮》,在影片拍摄后就将电影的故事情节延展到画册、图书、漫画、录像产品、网络媒介、漫威等多个周边产品上,这些周边产品所产生的收益已经远远超过票房的总收入。

(三) 体育电影呈现的体育世界

美国体育电影大多采用运动员逆境获胜的叙事方式。电影起初情节为主角或其所属团队总是处于弱势和冲突的状态,中间经过个人的不断努力、逐步信任同伴、放弃个人利益、坚持团队合作与严格的训练等情节,影片结束时往往经历一场盛大的比赛,由原先比赛落后到逆袭,从而最终获得比赛的胜利,过程中还兼有主人公爱情的发展。基本上体育电影的故事情节符合古典叙述的典型:先建立事件的正常状态秩序,然后秩序遭到破坏再恢复原状态。[②]

对美国体育电影的角色分析,可以归纳出如下几点:开始时,电影主角(运动员或教练)从事个人运动或带领整个团队面对挑战。接着,过程中通过赞助者(教练、经纪人或另外的选手)在运动技术上或心理上的教导,再通过协助者(亲人或朋友)的帮助,最后获得胜利。其中,真正面对的对手往往是运动员自身,突破自我成为运动员最大的挑战。

---

① 张军,尚志强. 美国体育电影的文化透视[J]. 体育学刊,2009(1):43-45.
② 白永恒. 美国励志体育电影的文化透视[J]. 电影文学,2013(3):49-50.

　　体育电影所呈现的场景地点也趋于两极化。如果电影展现的是职业运动项目,场景往往出现在大都市或大都会周边地区;如果有业余运动场景的呈现,大多发生在乡下而且是人口不多的小镇。整体表现出体育场景两极化的态势。

四、美国体育电影所反映的文化

(一)民族主义与胜利主义的结合

　　美国体育节目常常再现国家民族的主流意识形态。美国体育电影对于全球、国家与地方关系的表述,是"美国梦"与美国文化的再现。棒球一直被认为是美国的国球,是美国国民体育娱乐最普及的项目之一。不仅如此,棒球运动已成为美国文化与美国社会的重要组成部分。从体育电影中人物的口中经常能听到对棒球的赞美,以此表达美国国家的繁盛。电影中也强调了学习、参与运动的重要性,这些影片中通常展现了美国社会的基本价值观。

　　胜利主义是美国社会主流的价值观,讨论体育意识形态时会特别强调胜利主义。媒体对胜利主义的强调,可在对分数、胜利与冠军的重视上得到印证,这个以输赢为底线的做法也揭露了体育的商业特质。赢、奖牌、冠军都是体育的产物、胜利的标志,而个人、团队与国家最终都是以累积的胜负为评价的标准。体育电影强调完美的结局,企图以最后的胜利来掩饰整个过程中包括牺牲一切、虚假作为等偏差的现象。在社会功能论学者眼中,强调社会是稳定、均衡、秩序与合法权威的,体育主要的社会功能在于娱乐与活动,所以可以增进个人对社会的心理调适,使人在从事体育中更加融合。[①] 但这样的结果也忽略了社会冲突与竞争背后所产生的种种问题。总之,美国体育电影强调胜利主义,好让观众通过体育的题材对国家与社会产生认同,进而提高人们向社会某项专业工作(不一定是体育)去发展。

---

① 张传来,韩梅.谈美国体育电影主题的发展[J].山西师大体育学院学报,2011(2):31-33.

(二) 从种族歧视与性别歧视走向融合与平等

近年来黑人在职业篮球、美式橄榄球与棒球界的表现十分突出抢眼,以致长久以来黑人在运动场上所受到的歧视反而被人们忽略了。但种族主义、种族歧视并未因这些显赫成就而消失。种族歧视以各种不同的形式显现出来,如分配额、教练与管理岗位难求、商业合约机会受限等,以及较细微且不易察觉的边缘歧视,如提高入学标准,如美国大学体育总会 NCAA 的第 42 与48 条款等。[①] 在体育电影中最明显的种族差异应该是电影中的角色扮演,以白人为主角的电影居多,而黑人主角较少,更不用说其他肤色的运动员角色。但近期研究显示,电影媒体正在加强对族群方面的"融合",尽量避免对其他族群运动员的种族偏见。在电影《飓风》中主人公卡特被白人陷害入狱,有三位加拿大白人与一位黑人青年联手帮忙找寻证据,进而推翻先前的判决,使卡特重获自由;其次,狱中白人警卫对卡特多加关照,允许他不穿囚衣,帮助卡特在寝室检查中平安过关;再者两位白人律师为卡特提供服务近二十年分文未取;最后几位白人乡村歌手为卡特谱曲填词,大唱他是清白的。这些情节的安排,希望呈现给观众的是电影内容从种族冲突走向种族和谐。

在过去的几十年里女性从事体育的人数逐步增多,媒体里也出现较多的女性运动项目和女性运动员。然而与男子运动和男性运动员相比,女性在这方面的出现程度要少很多。在美国近二十年体育题材电影中,针对女性运动员所拍摄的电影寥寥无几。很多体育影片中未出现女性运动员的身影,其中出现的女性、角色扮演的也大多只有两种,妻子和女友。其人格特质多为温柔体贴、善良与善解人意。[②] 在体育电影中甚至会有这样的桥段,当男性运动员要参与比赛时,与女性亲近会使比赛落败。

总之,虽然女性运动员在体育电影中扮演了一定的角色,但依然受到一定程度的忽略和排斥;而女性在影片中的角色扮演大多是妻子或女友,这或

---

① 王妍. 体育电影对体育传播的影响[J]. 体育文化导刊,2012(12):146-148.
② 彭瀚杰. 好莱坞体育影片中折射出的美国体育文化[J]. 短篇小说(原创版),2013(15):89-90.

许反映出传统对于女性身份的既定印象。另外,女性被认为不利于男性运动员表现的性别歧视问题,依旧存在于体育电影中。

(三) 电影中体育商业化被抑制

美国体育电影中描述、记录体育商业化最为详细的是以美国青少年为拍摄对象的《篮球梦》,除此之外的体育电影均未提及体育商业化的情节,反而崇尚体育中的热情、亲子关系,如《梦幻之地》;或崇尚团队合作与荣誉感的,如《火爆教头草地兵》。此外,在描述职业美式橄榄球运动的电影《征服情海》中,探讨的主题是过度商业化会造成更多的问题,所以电影主角,一名体育经纪人,宁愿减少客户(运动员)数量,也要增加与客户的互动与了解。

在美国电影追求商业化的背景下,体育电影并不以商业化为主题,或许是现代体育商业化中的不良现象已让观众深恶痛绝,所以体育电影从剧情考虑方面避免涉及商业化,这样使得电影媒体并未真实描述出体育商业化。纪录片《篮球梦》讲述的是两个生活在芝加哥的黑人少年,14岁时便拥有相同的梦想——去 NBA 打球。他们的家人也希望他们能够进入 NBA,以此改变贫困的命运。这部电影虽未将商业作为出发点,却将美国体育中严重的商业化问题暴露无遗。

(四) 情节中比赛暴力与领导专制的呈现

美国媒体重视暴力场景,甚至将其剪成预告片,以吸引观众的注意。越来越多的研究发现,体育暴力和健壮粗犷相关,是男子气概的一种体现,不管是在运动场上或赛场以外都可以接受。电视转播人员常将体育暗讽为战争,其中暴力镜头尤其被强调,如特写、慢动作的反复播出等。在体育电影中,会将暴力表现为合理化。例如,棒球场上"暴投"的行为,是为了要威吓对手,避免离投手板太近;教练希望选手可以更加凶悍,这样才能成为更好的选手。

美国知名媒体美国全国广播公司(NBC)尊称美式橄榄球教练 Vince

Lombardi 为"伟大的领导",而在他严格的教导下,球员们都对他又敬又怕。[1]媒体也形容他每次对球队的讲话,就如同海军士官对新兵的训话般严厉,仿佛他是权威的象征。体育媒体会强调领导或教练的权威,认为严厉的教练风格可以带领球队获胜。在体育电影中教练呈现出的领导风格只有专制没有民主。在球场上大声的吼叫、在休息室怒骂球员的行为,好像已变为体育电影中教练角色的固有形象。

美国体育电影中呈现的体育世界,多是运动员在逆境中求胜的过程。电影主角积极乐观、不服输且意志力惊人的人格特质,在运动训练和比赛过程中表现突出等,这些特质均是获得最后胜利的关键。由美国体育电影所呈现的文化来看,对于国家民族主义、胜利主义的概念,体现为对"美国梦"和美国文化的再现,通过体育电影将这种文化意识形态传播出去。[2] 其中种族议题、性别歧视依然存在,但种族议题已经开始从冲突走向融合。电影媒体的高度商业化抑制了电影剧情的体育商业化。体育电影将运动员或教练暴力的行为表现合理化,教练的领导风格只有专制没有民主。

五、美国体育题材电影的类型与盛行的原因

(一)社会上流行的体育项目是电影热衷的题材

美国是一个崇尚强者的国度,优胜劣汰、适者生存的强者文化在美国社会中备受推崇。这种文化是开疆扩土、实现"美国梦"的先决条件,对强者的歌颂一直是美国电影的重要主题。第二次世界大战推动西方社会形成了男性阳刚美的审美观,推动了现代健美运动的发展。雄健、阳刚的硬汉形象深深影响了美国的电影文化,至今美国电影男主角大多按照这一模型塑造。

美国体育电影一直以其主流的体育文化为题材,这样能获得较高的社会关注度。美国体育电影的叙事形式在时间、空间、事件等维度上越来越宽泛,

---

① 艾琦,杨昕.从美国电影看美国梦的文化内涵[J].宿州学院学报,2010(3):65-66,80.

② 约翰.贝尔顿.美国电影美国文化[M].米静,等译.上海:上海人民出版社,2010(4).

可以总结为以下几个特征:在人物层面上,体育电影的主人公大多缺乏成功的条件(三十多岁的餐馆女服务员、种族隔离制度下的黑人、暴力街头的篮球少年、监狱中的罪犯、退役落魄的摔跤手等)。在外人看来根本不具备从事竞技体育的先决条件,惶论成功。电影编剧在地点的选择上突破了体育的范畴,学校、监狱、街头、家庭等都成为美国体育电影叙事的场所。在事件上大多采用较为一致的模式,主人公通过拼搏获得成功,实现人生的价值。①

(二) 体育裹挟着美国社会奉行的信条

美国精神是一种以荣誉、责任、勇气、自律等一系列价值为核心的先锋精神。随着时代的发展,步入后工业文明的美国民众被物欲、性欲、贪婪、仇恨等负面元素吞噬,曾经的公平正义、自由平等、勇敢创新、种族融合、敬畏上帝等价值观不断沦陷。② 美国电影界一直在寻求恢复旧有的文化体制,体育题材所彰显的公平、竞争、努力等理念正好契合了这样的需求。公平是体育的精髓所在,也是美国社会所追寻的终极目标,缺失了公平的体育无法开展竞技,缺失了公平的社会则会陷入混乱。把握平等的机会,通过不懈努力击败对手实现自我价值是西方竞技体育所推崇的,这也正和"美国梦"宣扬的价值观一致。另外,种族问题是美国这一移民国家所关注的焦点,也是最敏感的话题。但随着时代的发展,原来"民族大熔炉"蜕变成为"民族大拼图",种族间的冲突和矛盾越发尖锐。③ 如何协调种族间的关系是美国社会亟待解决的问题。体育在这一方面有着先天的优势,如南非的种族问题在橄榄球赛场得到化解。所以,体育电影中常见对种族问题的关注。此外,体育竞赛中也涌现出了诸多孤胆英雄形象,这也是美国文化所倡导的。另外,体育还是一条人生成功的途径,通过这一途径可让贫民窟的孩子远离毒品、犯罪,接受高等教育,成就美满人生。这些美国社会所追寻的真善美元素在体育励志题

---

① 黄璐,兰健,刘颖,郭超.论美国励志体育电影风行的意识形态性[J].体育科学研究,2007(3):17-20.

② 沈圳.美国体育电影演进探析——以"类型电影"为例[J].体育文化导刊,2017(7):196-197.

③ 冯苇.好莱坞体育电影与美国体育文化[J].体育文化导刊,2011(12).

材电影中随处可见。

六、美国体育电影多元文化价值审视

（一）公平、正义、自由的骑士精神

最初的一批欧洲清教徒为了逃避宗教迫害，乘坐五月花号来到北美这片荒蛮的大陆，随之而来的还有他们所信奉的价值体系。在《五月花号宣言》中他们写出了对自由、公平、正义的渴望。这批拓荒先驱渴求在这样的价值体系下打造出心中的天国王朝。文艺复兴运动让西方世界认识到了人性的价值，人人生而平等。这些清教徒认为上帝会公平地对待每一位子民，指引他们去拓荒，用汗水去打造心中的梦想。广袤的北美大陆蕴藏的丰富资源为每位到来者提供了公平竞争的保障。每个人都享有平等的成功机会。而体育作为一种理想化的平台更是寄托了人们对公平世界的憧憬。在赛场上没有种族之分与权贵之别，只有在威严裁判的严格执法下展开公平的竞技与对抗。自由精神是美国文化的核心所在，这里所谓的自由是一种边界内的"自由"。① 翻开《美国法典》会看到多如牛毛的各类规则，而这也推动了美国的法制化进程。个体的行为必须在严格的规范、法律约束下进行，这一点与体育的要求是契合的，所有的体育竞赛必须遵从竞赛规则，否则必然陷入混乱之境。美国总统罗斯福就有这样一句名言："人生就像橄榄球，不能犯规。"

骑士精神是英国上层社会的贵族文化精神，它是以个人身份的优越感为基础的道德与人格精神，同时它也积淀着西欧民族远古尚武精神的某些积极因素。骑士精神要求个体要严于自律，珍惜荣誉，扶助弱势群体，担当责任，具有知性与道德的自主性，不为政治、金钱、舆论所奴役。美国的新教徒逐渐形成了自己的信仰价值，依据自身能力改造自然，努力实现自身价值，自律并遵守秩序。美国的体育文化是建立在苛刻的规则和管理体制下的，规则是体育比赛的保障，教练权威不容置疑，队员必须无条件接受安排。

---

① 富冬青.美国文学对"美国梦"的解构及其反思[J].学术交流,2015(5):189-193.

（二）努力、竞争、进取的盎格鲁萨克逊精神

美国文化虽然历史短暂，但究其根源可以上溯到古希腊文明、盎格鲁-撒克逊文明、文艺复兴运动和工业大革命等，可以将美国文化理解为盎格鲁-撒克逊文化为核心特质的西方文化与美洲荒野文化的共生体。法国政治思想家、历史学家亚历西斯·托克维尔将其称为美国白人新教徒文化（White Anglo-Saxon Protestant，WASP）。

美国文化以锐意进取、强者生存为主要特点，这也成就了强大且韧劲十足的伟大国家。美国政治家罗伯特·盖茨说道："历史的垃圾桶里躺满了那些低估美国韧性的国家。"美国的建立一直伴随着残酷的"丛林法则"。拓荒者们生存在法律缺失的环境下，"强者生存"的意义变得生动而直接。美国社会普遍持这样一种观点，不相信命运，坚持"人定胜天"的信条，民众相信通过自身的努力可以改变命运。所以他们经常嘲讽那些怀抱宿命论、不思进取的人。詹姆斯讲得好："我觉得自己情愿把这宇宙看作是真正危险和富于冒险性的。我决不退缩，决不认输。"[①]美国电影《追梦赤子心》（*RU-DY*）中主人公鲁迪出生时智力、身体素质平平，但他有一个伟大的梦想，即成为圣母大学橄榄球队一员，无数次的申请被拒让他备受打击。最终他成功转入圣母大学，然而缺乏运动基因的他只能担当球队的陪练和替补。在无数次的坚持、等待、消沉、拼搏后，他赢得了 27 秒的上场时间，实现了为之奋斗多年的梦想。《洛奇》（*Rocky*）系列中充满了对竞争、进取精神的赞美。拳击手洛奇灰姑娘式的成功向世人展示了努力成就梦想的信条，印证了海明威的那句名言"一个人会被摧毁，但永远也不会被打败"。《摔跤王》（*The Wrestler*）中因伤病退出竞技赛场的兰迪·罗宾森陷入了低谷，迷失在酒精、暴力、色情中。已是"迟暮英雄"的他为了自己的梦想，不顾女儿劝阻重新步入摔跤台。摔跤让兰迪·罗宾森重新找回人生的意义，从行尸走肉般的生活中脱身。影片结尾美式摇滚"蓝领教父"Bruce·Springsteen 的歌声中唱道："我唯一的信念就是展示我破碎的骨头与遍体瘀青。"坚持不懈、奋勇直前是体育的重要内涵。

---

① 威廉·詹姆斯.实用主义[M].刘宏信，译.北京：商务印书馆，1976：151.

(三) 社会和谐、种族平等的普世价值

在物质文化丰富的今天,人性与人情是好莱坞电影进行跨文化传播的基本价值诉求,成为好莱坞电影票房成功的重要支点。工业革命极大推动了西方世界物质文明的进步,科学技术的发展让整个西方社会沉浸在一片物欲横流之中。善良、恭谦、家庭、宗教等价值观逐渐消退。现代的西方社会亟须寻求能够解决这一问题的方式。以奥林匹克为主的体育文化代表着积极向上、团结合作、遵守秩序等思想符合时代的需要,自然成为西方社会所推崇的文化形式。① 美国城市化初期,国家力求借助棒球这一国民运动来抵制职业运动的消极、文化低迷、酗酒、赌博等。美国电影中的主题都是与爱、正义、家庭、亲情等相关的内容,而这些既是美国所标榜的完美价值观,也是全人类所共同关注的主题。② 体育题材电影经常将种族平等、关爱家庭、重视教育等话题融入进去,让电影从讲述竞技体育升华到诉说人生、关爱人性、关爱社会。

个人英雄主义是美国文化中不变的主题,美国盛行的体育运动、体育项目也都带有个人英雄主义色彩。橄榄球、棒球、篮球中的核心球员就等同于虚拟了现实生活的勇者,带领团队为梦想而拼搏。美国学者罗伯特·贝拉曾说:个人主义是美国人最深刻的民族特性,是美国文化的核心,美国文化特质中带有根本性的东西都来源于它。在美国人看来,真正的英雄是能以个人力量主导整个事件的领导者,所有的超级球星、科学研究人员永远是一个球队或研究团队里发挥作用最大的那个人。美国公众注重成就,仰慕英雄,有深厚的成就崇拜和仰慕英雄的心理积淀。个人成就是所有美国人价值观中评价最高的价值取向之一。美国是个尊重个性、崇尚个人主义的国家,同时又提倡自我奋斗。自我奋斗成功的故事是"美国梦"的精髓。好莱坞电影将个人英雄主义发挥到了淋漓尽致。英雄人物单枪匹马战胜邪恶力量,拯救世界

---

① 肖沛雄,万文双.中美体育电影中体育精神的和而不同[J].广州体育学院学报,2010,30(2):28-33.

② 李佑明.徐建纲.美国电影中的文化现象浅析[J].电影文学,2008,463(10):10-11.

的话题永不过时。

第三节　美国体育文化传播媒介——网络

近年来互联网技术不断升级,掀起了文体娱乐业与移动互联平台跨界融合的浪潮,形成新的行业增长点。随着国家各种利好政策的支持,文化产业已经进入经济建设的主阵地。美国凭借无可比拟的经济优势,运用外交、政策、技术、文化等各种杠杆,在国内形成了成熟巨大的文化产业链、文化市场和文化消费群体,创造了后工业时代一系列的经济奇迹,从而迅速确立了作为全球文化产业的主导和中心地位。

文化、体育和娱乐业固定投资额处于持续增长阶段。以中国为例,截至2017年9月,我国文化、体育和娱乐业固定投资额累计值近6270亿元,累计增长率约15%。随着国家政策的出台,文化、体育和娱乐行业企业改制,带动了产业升级。随着国民对文化、体育和娱乐行业产品消费意愿的快速提升,"互联网+文化、体育和娱乐业"的市场模式已形成"内容—渠道—变现"三个层次的商业生态闭环。未来,"互联网+文化、体育和娱乐业"将引领中国经济新常态,逐渐成为潜力大、发展速度快的优质产业。①

世界上第一家网络报纸《圣何塞信使报》始创于1987年。随着互联网技术的成熟和扩展,报刊在这一时代迅速进入网络模式。其中,以《纽约时报》《华尔街日报》为代表的著名报刊均创办了属于自己的网络报刊。

提及国外对于网络媒体的研究,首先必提到英尼斯与麦克卢汉创立的多伦多学派。从英尼斯的《传播的偏向》到麦克卢汉的《理解媒介论人的延伸》,均论述了媒介在传播形态与方式上存在的差异对个体、社会和文化造成的影响。自网络媒体诞生之日起,许多研究者从中获得了启发。真正对于网络的研究还要从万维网进入大众的生活说起。英国利兹大学的戴维·冈特利特提出,伴随着互联网的发展和普及,进入20世纪90年代网络研究的

---

① 李川.体育新闻报道过度娱乐化的问题研究与对策[J].东南传播,2007(9):52-53.

焦点主要是以下几个问题：网络与人们的自我表达，网络世界的匿名性与身份扮演，网络与商业机构和网络与政治及国际关系等方面。

一、网络中的体育新闻发展格局

体育新闻能为网络媒体带来可观的点击量，所以基本上所有的商业门户网站都会设立专门的体育频道对体育新闻进行转播。再者，由于商业门户网站一般都具有相对其他类型网站更高的传播平台，因此商业门户网站在传播网络体育新闻方面发挥了巨大的影响力。从商业门户网站的现实发展状态看，国外的雅虎等网站在提供体育资讯方面呈现出与专业体育媒体网站并驾齐驱的态势。就以雅虎的新闻为例，同大多英文网站一样，雅虎也对赛季中进行的每场比赛进行详尽的报道，各类统计数据、技术图表一目了然。在赛事新闻方面，雅虎同许多家门户网站及专业体育媒体网站一样，采用的是美联社通稿。而在新闻的原创内容方面，除了对一些新闻事件做一些深入浅出的分析，雅虎有时也能够通过网络挖掘到一些独家新闻。例如，在一赛季中，麦蒂在火箭队伤愈复出的消息就是最先在雅虎体育上发布的。与此同时，雅虎体育还得到了在视频播放方面的官方授权，能够将每场比赛的精华部分剪成视频新闻在网站播放。国内的网络体育新闻发展方面，以新浪、网易、腾讯等网络体育新闻的传播门户网站为主。[①]

体育新闻的传播、转播发展较早，在人力、财力及资源积累上形成的规模，其他类型网站不可望其项背，因此目前，商业门户网站几乎垄断了所有网络体育新闻的点击量。在网络体育新闻的网友互动评论方面，商业门户网站也是异常活跃。新浪、网易、腾讯和搜狐成为代表性的门户网站，由此可以反映出网络体育新闻在商业门户网站上蓬勃发展的态势。[②] 当前网络新闻的发展格局中，网站的受众主要来源于热爱球星、球队或该项目的粉丝。

---

① 张业安.对现代竞技体育成为体育新闻报道主体的原因探究[J].浙江体育科学，2004(5):13-15.

② 成茹.从与传统媒体的比较看提升网络媒体公信力的难点[J].新闻知识，2005(6):39-41.

二、美国职业体育赛事

媒介一直以来都是体育赛事广泛传播和深入发展的重要载体。因此,媒介在 NBA 进入中国市场的过程中发挥了重要的作用。通过电视转播、纸质媒介、互联网等大众传播媒介,赛事以更加直观的形式呈现在观众面前。这些传播渠道也为联盟吸引了众多的赞助商与投资者,为确保这一商业联盟成功运转提供了物质保障。在马刺队的建立者及出资人麦库姆斯看来,架构和议程设置都能让传播者及其受众注意到新闻信息的某些方面。

当今,全新的媒介形式不断更迭,NBA 体育文化在传播的过程中善于利用各类媒体,正面、全方位、立体地宣传和报道,提高 NBA 的品牌知名度、美誉度,这些均有助于强化其在球迷心中的品牌形象。[①]

(一)NBA 网络传播

1999 年,NBA 成立了 NBA. comTV,可以完成拍摄、企划、制作与播放等整个流程的工作,成为美国首个为海外球迷提供特定语言网站的职业运动联盟。2000 年,NBA 与全球最大的搜索引擎雅虎签下合作契约,为 Yahoo Sports 提供即时球场数据、精彩镜头、图片等线上转播,并利用 Yahoo Sports 进行网络广播服务与线上新闻发布。2001 年 4 月,NBA 通过网络视频直播了达拉斯小牛队与萨卡拉门托国王队的一场比赛,比赛通过英文、西班牙文及中文三种语言向全世界播放,全世界的球迷免费在 NBA. com 上观看这场比赛。NBA 成为首个通过网络对比赛进行视频直播的美国职业体育联盟,这是具有里程碑意义的重要一步。

2003 年 1 月,NBA. com 与搜狐公司共同推出 NBA 中国官方网站 NBA. com/China,以全中文的内容,及时、快速地报道 NBA 新闻及相关数据统计。搜狐承建并负责网站在中国的技术维护、内容更新和市场推广等。据悉,这是 NBA 官方网站首次与企业合作共同开发其子网站。

---

① 冯胜刚.体育人文精神的内涵、作用和地位[J].北京体育大学学报,2005(7):871-873.

2008年10月,NBA选择了TOM集团作为其在大中华区的长期战略联盟,双方将携手在新赛季为NBA中文官方网站——NBA.com/China推出更多NBA赛事精彩内容。NBA中文官方网站将为中国篮球球迷提供每天一场的直播赛事及多场独家球赛的即时精彩片段,中国球迷可以和美国球迷同步收看比赛集锦、经典赛事等。2009年1月,NBA巨星科比宣布正式签约新浪,开通博客并打造个人中文官网,以便和中国网友沟通交流。以科比博客为主线,巨星与网友之间的互动交流、虚拟和现实对接赋予了网络强大的影响力,论坛流量持续走高。NBA也成为美国首个为海外球迷提供特定语言服务的职业运动联盟网站,NBA.comTV可以处理拍摄、企划、后期制作与播放等整个流程的工作。NBA建设了包括中文网站在内的五个国际官方网站,并在世界范围内实现了宽频赛事直播。

我国在NBA中文网站建设、博客建设,以及在线直播方面都取得了良好的传效果。NBA网络传播体现了赛事传播的主体化、传播范围的国际化及传播方式的交互化等特征。对美国职业体育赛事NBA网络传播进行研究,对于促进我国体育竞赛表演的发展、做好我国体育赛事网络传播工作有一定启示意义。[①]

1. 充分发挥媒体的作用

大卫·斯特恩(大卫·斯特恩,出生于美国纽约州纽约,犹太裔美国人,曾在1984年至2014年担任NBA总裁)说过:"电视让NBA无处不在。"由此可见电视转播为NBA的宣传起到了非同一般的作用。电视媒体综合运用视听手段,透过屏幕为观众带来现场的真实感和冲击力,带来了精彩纷呈的文化体验,丰富了人们的业余生活。从单纯播放比赛录像到对NBA赛事进行实时转播,从部分比赛扩展到所有赛事转播,到现在派出专门的报道小组现场实时转播等。整个发展过程中,NBA与中国电视媒体长期保持着良好的合作关系,就NBA体育文化在中国的传播进行全方位、多层次的深度交流与沟通。NBA体育文化能够在中国顺利地深度传播,产生深远的影响力,离不

---

① 常民强,王淑萍. 从NBA看美国体育媒介的传播策略[J]. 渤海大学学报(哲学社会科学版),2006(1):125-128.

开媒体在此过程中所发挥的积极作用。NBA 刚传入中国时,大卫·斯特恩便带来 NBA 免费录像带正式开启了与央视的合作,让中国球迷逐步加深对 NBA 的了解,也让该项运动独特的文化影响到中国。

2. 对网络媒介的充分利用

在 NBA 体育文化逐步进入中国市场的过程中,网络平台异军突起,发挥了极大的推动作用。2006 年 2 月,新传宽频体育作为一个以网络发展为核心的平台,看到了广阔的发展前景,抓住机遇与 NBA 签订了转播协议。在当时球迷可以通过其提供的免费平台观看 30 场常规赛和 12 场季后赛,以及 20 场 NBA 经典赛事。此外,该网站用户还可每周免费观看半小时精华节目,其中包括 NBA 动态、每天十大进球等。NBA、新传体育和搜狐达成三方合作协议,从 2006 年 9 月开展为期三年的合作,继续为中国球迷提供观看赛事直播的渠道。"2008 年 10 月,NBA 和 Tom 集团共同宣布双方结成长期战略联盟,TOM 集团成为 NBA 在大中华地区互联网的官方合作伙伴。与此同时,Tom 体育频道首次为广大球迷提供中文解说的 NBA 赛事直播,每天 1 到 2 场,球迷还可免费观看比赛集锦和经典赛事等内容。"①伴随着科技的飞速发展,网络开始逐渐走入中国的千家万户,这对人们的生活方式产生了很大的影响,也为 NBA 体育文化提供了有利环境。NBA 赛事目前已与国内多家电视网络以及门户网络达成协议,其中影响较大的是腾讯、搜狐、阿里巴巴等。②

腾讯体育在 2015 年斥巨资 5 亿美元获得了 NBA 网络媒体的独家直播权,2015—2016 赛季骑士队与勇士队的"抢七大战"更是创下了自 1998 年以来总决赛收视的新高。还有近 3080 万人收看了美国广播公司的转播。当骑士队夺得总冠军之后,收视率曾一度飙升到了 22.5,收看人数超过了 4450 人次。这次"抢七"共吸引了全球 1.33 亿人次观看,同时在线人数峰值达到 1584 万,成为本赛季单场观众数最多的比赛。

以腾讯 2019 年二季度财报列出的 NBA 赛事视频数据为例,2018—2019

①　孟宪忠,张士伟.解读 NBA 的国际化与美国文化的全球化[J].中国集体经济,2009
(7).

②　武大洲.NBA 的商业化运作策略浅析[J].中国经贸,2008(11).

赛季,通过腾讯平台观看赛事的网络用户多达 4.9 亿。NBA 中国携手 TOM 集团首次提供每日赛事直播。NBA 在季后赛采用七战四胜的规则。腾讯对 NBA 赛事的不断投入使得腾讯体育逐渐成为中国球迷最多选择观看比赛的网络平台。2019 年 NBA 继续与腾讯合作,该合作将延续到 2025 年,腾讯在新的合作周期内将继续为中国球迷奉献高质量的赛事,并不断注重观众的互动体验。① 由于存在时差,NBA 在中国的播出时间基本锁定在上午时段,这就为很好地吸引中国球迷提供了极大的便利,极有利地提高了收视率。同时也给平台广告招商提供了强有力的保障。

过去的几年里,腾讯体育在 NBA 内容的生产与输出上投入了大量的精力,也在潜移默化中积累了大量忠实用户。随着硬件设施不断更迭,目前腾讯的技术足以支持数百万计观众通过这一平台观看高质量画质的比赛直播,很少会出现不清晰与卡顿的问题。此外,大流量入口同样关键。对于腾讯而言,后续的深入发展过程中,除了要继续把握平台的核心用户,还要努力争取大量的潜在用户。无论是腾讯视频、腾讯体育还是腾讯其他的渠道,全部都参与到体育内容的生产与分发过程中。② NBA 给中国球迷带来了竞技体育赛事的魅力,将独特的 NBA 体育文化传入中国,也给腾讯创造了更多的发展机遇,推动了中国体育事业的进步与发展。NBA 十分重视网络传播这一途径,在发展过程中通过与中国多个网络渠道的合作获益,不仅取得了经济效益,还促进了 NBA 体育文化在中国的不断传播。

(二)美国职业棒球大联盟的网络转播

美国职业棒球大联盟现有俱乐部分为国家联盟和美国联盟,其中国家联盟有 16 支球队,美国联盟则有 14 支,分为东区支、中央区支、西区支。两个联盟下又各分为东部赛区、中部赛区和西部赛区三个赛区。

早在 19 世纪,棒球运动就被誉为美国的全民休闲运动。曾有记者提道:"自内战结束以来,在每一个连续的赛季里都能看到棒球越来越多地被普及

---

① 黄福华. NBA 在中国的传播与影响[J]. 体育文化导刊,2008(8):33-35.
② 于秀金. 从 NBA 透视美国文化[J]. 电影文学. 2007(9).

到大众的生活中,并且作为美国的一项全国性的比赛享有更为稳定的社会地位。"为了将棒球运动推广为一项全民参与的休闲娱乐活动,早期的推广主要依靠新闻媒体的传播力量。

棒球联赛刚刚兴起时,就和媒体建立了共生的关系。从 19 世纪末开始,报纸出版商和官员们就意识到媒体的报道能够激发人们对棒球运动的兴趣。同样,棒球运动也为报纸带来更高的发行量。由于报纸读者对于棒球的热情和兴趣日益高涨,报纸加大了对体育内容的报道,19 世纪 90 年代扩大了体育新闻工作人员的队伍,并在 20 世纪初将体育内容在报道中独立出来增设了体育版。

20 世纪 30 年代中期,经济大萧条一定程度上也影响了美国的国民运动——棒球。经济的萧条使棒球联赛的上座人数持续下滑,业主和其新闻代理们则越来越积极地宣传棒球运动。此后上座率虽略有回升,但仍无法超过20 世纪初水平。同上座率一样,报纸对棒球比赛的报道量也在这一时期有所减少。[①]

20 世纪 50 年代,有效的公共关系形象在体育媒体和球迷心中已逐步确立。同时联盟和俱乐部仍在不断加大公共关系活动的力度,联盟和俱乐部开始雇佣公关代理机构为自己服务,以巩固棒球运动的积极形象,这些努力在公众中取到了良好的效果。连当时的美国总统的杜鲁门也将棒球运动视为一个特殊的载体,并表示"美国伟大的棒球运动已不仅仅是一项运动或一场演出……它是我们的传统……我要向我们最伟大的棒球运动致敬"。这一阶段联盟和俱乐部在与媒体及球迷的关系上有了较大的发展,突出表现为电视转播国际化进程的加速。

21 世纪,随着互联网的兴起,美国职棒大联盟(Major League Baseball,简称 MLB)及其俱乐部的公共关系传播又有了新的发展。借助新兴的网络媒介,MLB 及其俱乐部通过建立有组织的"自控媒介"——官方网站传播信息,促进与公众的沟通与交流。2001 年春季,职棒联盟发布了自己的官方网站,网站归属于一家总部位于纽约的公司——先锋媒体。该公司不仅负责联盟

---

① 沈胡婷,李昕,王青松,等.中美体育交流[J].文明,2016(6):228-233.

网站的开发、设计与维护,也是俱乐部网站的版权所有者。俱乐部的网络平台由此搭建完成,此后网络传播成为棒球联盟信息传播的重要方式。

三、美国体育赛事对新媒体的经验开发

美国作为世界上体育最发达的国家之一,无论从奥运会等世界竞赛,还是从体育产业链来看,都具有世界顶尖水准,体育赛事的媒体市场也在适当的国家管制和较为充分的竞争中获得了快速发展。随着体育赛事媒体市场的繁荣,优质转播内容带来的付费用户规模庞大,版权费用也成为体育赛事组织的主要盈利来源,并形成了良好的生态循环。建设体育强国是我国的目标,长久以来,作为体育产业链重要环节的体育赛事转播媒体,在发挥公共服务职责、产业和经济主体的功能方面有所缺失。这就导致了我国体育赛事转播媒体发展动力不足和市场化程度较弱,落后于部分世界体育强国。

随着新媒体时代的到来,美国体育赛事媒体版权市场发生着变化,出现了新媒体的进入、旧媒体的变革等。美国体育媒体市场的变化,一定程度上代表着世界体育媒体市场的改变,因为其有世界顶尖水准的北美四大联赛,也有众多的传媒巨头公司,还有顶尖的科技、视频、社交新媒体公司参与体育赛事媒体版权市场。[①] 所以美国体育媒体市场的变化极具代表性,研究其媒体格局、版权开发等方面的特点对中国有着重要的借鉴意义。我们也应注意到,两国体育发展制度略有不同,新媒体对传统媒体的冲击力及传统媒体的反应在两个国家的显现是不同的,在借鉴中要结合各国实际情况加以分析。

(一)美国体育赛事新媒体版权开发主体

美国电视和视频媒体结构较为复杂,要梳理清美国体育赛事新媒体版权开发主体,首先需要对美国电视媒体和新兴视频媒体进行分析和整理,在此基础上将体育赛事新媒体版权开发主体及其背后的集团力量厘清而后进行分类,这对于理解美国体育赛事新媒体版权开发具有重要的指引意义。在传

---

① 丁洁,王岗.解读 NBA 全球[J].体育文化导刊,2006(4).

统电视方面,结合播出范围和播出技术两个分类标准,传统电视可以分为全国性电视台、有线电视台和地方电视台。其中,全国性电视台的发展历史最为悠久,美国全国广播公司(NBC)、哥伦比亚广播公司(CBS)、美国广播公司(ABC)和福克斯广播公司(FOX)这四大全国性商业电视网均属于此范畴。这四大电视台(网)都是商业性电视网,主要依靠广告收入,作为公共网,用户可以免费收看。有线电视台于20世纪70年代开始发展壮大,最初将电影作为主要发展方向,后来新闻、娱乐、音乐、体育等专业化频道相继发展起来。这些频道主要分为两种类型,一种是靠广告和订阅费用共同支持的基础有线网(Basic Cable),如ESNP(娱乐与体育节目电视网)、TNT(特纳电视网)、CNN(美国有线电视新闻网)等;另一种是高级付费有线网(premium cable),如HBO(Home Box Office 美国家庭电影院)、Showtime等,这些电视台则没有广告播放,只依靠用户的订阅费用支持。

地方电视台则可以分为全国性电视台(网)的附属台和独立电视台。附属台和独立电视台是美国地方电视台的主要构成部分,它们在美国电视系统中发挥着主体性作用。在视频新媒体方面,主要有IPTV和网络电视(OTT TV)。美国国会颁布了《1996年电信法》,电信业开展电视业务的阻碍被彻底打破。电信公司拥有雄厚的资金实力和技术背景,依靠持续的投入升级改进原有的电信网络,积极拓展电视市场,拓展IPTV业务。代表性的公司有AT&T(美国电话电报公司)等。美国网络电视的发展随着互联网带宽的逐步升级而发生改变,一开始仅提供视频点播业务,后来出现直播业务,对传统电视的市场产生冲击。[①] 统计数据显示,2011年,美国有34个网络电视服务,到了2015年便激增到98个。

网络电视(OTT TV),指的是通过公共互联网向用户传输视频的一种新型视频服务,网络视频电视实际就是类似美国的 Amazon Video 和中国的腾讯视频、爱奇艺等形式的视频服务商。其中也包含社交媒体公司正在开展的电视服务,如 Face book 和 Twitter 的电视服务。从目前的趋势来看,电视用

---

① 徐良台. 对当代体育文化及其传播模式的认识[J]. 文化视野,2008(7).

户的选择逐渐从有线电视和卫星电视向新兴视频媒体转变①。

目前美国主要的体育赛事媒体版权依然被传统电视媒体掌控。互联网新媒体平台进入体育赛事媒体版权领域的优势，一是在于其先天的互联网基因与体育赛事版权所有方的诉求相契合，维护并开拓新的用户市场，挽回赛事观众；二是在于互联网新媒体平台资金充足，资金来源于运营也来源于资本市场，这是互联网行业的优势所在。

（二）美国体育赛事的新媒体经验

新媒体和体育产业之间的互惠互利关系使二者联系得日益紧密。体育为新媒体提供了丰富多彩的节目内容，提高了新媒体的点击率和收视率，为新媒体增加了广告收入，也促使新媒体不断提高技术，丰富传播手段。同时，新媒体通过购买转播权等形式为体育产业提供了经济上的支持，促进了体育产业的进一步发展。借助新媒体，体育的独特魅力尽显无遗，也吸引了更多受众的关注和参与。可以说，新媒体与体育产业的结合延伸了体育产业的价值链，对体育产品和服务的传播及消费起到了极大的推动作用。

美国篮球体育文化通过借助 NBA 联盟这个文化实体，已经拥有较为成熟的传播渠道，建立起了固定传播机制。② 一方面将制作精良的文化产品通过多元的传播渠道呈现给中国球迷，另一方面也在世界舞台上展示了 NBA 体育文化中所蕴含的竞技体育精神背后的美国文化。NBA 的成功及其在世界市场上获得的影响力并不是一蹴而就的，总的来说，NBA 在中国经历了复杂曲折的发展过程，最终走向多元与繁荣。同样作为国内最高水平的职业篮球联赛的中国篮球协会 CBA（China Basketball Association）正处于发展的关键期。目前中国正处在社会转型期，为了让中国体育事业的发展更好地适应转型所带来的各种新需求与新变化，CBA 的发展也悄然进入了改革的关口。中国篮球市场在这此特殊时期，应借鉴 NBA 在中国的传播策略与方法，梳理

① 罗雯,何军.跨文化传播学的发展及研究传统[J].湖北社会科学,2006(4):139-142.
② 于德法,骆玉峰,朱相欣.美国社会文化环境对 NBA 的影响研究[J].体育文化导刊,2007(7).

NBA 在跨文化传播过程中的优势,分析其背后的深层动因,把握 NBA 体育文化的实质,为 CBA 在中国和世界的进一步发展探索出一条具有中国特色的传播路径。另外,从 NBA 在世界篮球赛事的地位来看,NBA 已成为公认的典范。从这个角度看,NBA 体育文化在中国传播的历程也对我国的体育文化发展起到了良好的示范作用,也为中国体育跨地域、跨文化传播提供了范本。

第六章　美国体育中的文化透视

第一节　美国体育文化的体现

美国体育的组织结构、价值观、职能均渗透和反映了美国社会的多层面。体育运动和体育中折射出的内涵潜质是表达美国核心价值观的手段和方式。

价值观是人们思想中对价值追求的观念，是人们对于某种事物价值的基本看法，表现为人们对该类事物相对稳定的信念、信仰、理想等。价值观是社会文化体系的内核和灵魂，推动着文化的发展。文化与价值观念息息相关，二者是构成了人生观的重要内容，制约着人们生活的方方面面。它们是选择个人和社会目标的基本假设。

人们常说体育为具有科学钻研态度的人提供了实验机构，在这个实验室里，可以检验出价值观、社会观、社会分级和上层建筑各个方面，从而确定社会各层级存在的过程和性质。体育运动中，人们选择项目类别、竞争级别、规则类型等，或是对参与者的限制，受益群体和无益群体的区别及体育奖励制度等各方面都是人们所在社会的缩影。

体育的本质、组织、价值、目标、功能和结构等为我们提供了认识社会的线索和途径。体育渗透反映了社会的多个层面，它浓缩了社会文化和社会价值，通过体育诠释文化的内涵和真谛是纯粹的、真实的、质朴的。

体育也是社会的缩影，它可以反映社会文化大背景中盛行的思想和主题,文化的一个显著特征就是其价值体系,因此美国文化折射出的主要价值取向也是美国社会关注的焦点。评估这些价值观及价值取向如何投射于体育领域并形成价值观,是值得关注的问题。

一、机会平等

美国人把有组织的体育运动看作是一个机会均等、个人发挥潜能的舞台,这个舞台鼓舞人心,提升士气,振奋人心。在体育运动中,不同种族、民族、经济背景的人具有相同的机会和平等的权利,为取得优异的成绩而奋斗。社会学家哈里・爱德华兹(Harry Edwards)[1]曾指出:美国人将体育视为实验室,在这个实验室,任何社会阶层的年轻人都可以从竞争体系中获得优势、获得收益。运动项目中,很多人参与其中,不论种族和性别,年迈还是年幼。

在有组织的体育运动中,不论种族、民族、经济背景等如何千差万别,他们对运动的挚爱是相同的。美国大多数橄榄球、篮球运动员是非裔美国人,大约四分之一的篮球运动员是西班牙裔或拉美裔。女子体育在美国也颇受欢迎,所获得的资金支持逐年提升。美国女子运动项目成绩斐然,几项团体运动,如垒球、篮球和足球都获得过金牌。

女性运动员和黑人运动员在运动项目中不断获得平等的历程也是美国体育弘扬平等自主、积极向上的具体体现。

(一) 非洲裔运动员的发展

第二次世界大战以来,美国体育发生了翻天覆地的变化。第二次世界大战后,美国人对于黑人的态度发生了巨大改变。战争后很多组织发展起来,

---

① 哈里・爱德华兹,社会学教授和公民活动家。哈里・爱德华兹于 1942 年出生在伊利诺伊州东圣路易斯,1960 年高中毕业后搬到了加利福尼亚州,在那里他就读于弗雷斯诺城市学院。随后爱德华兹转学到圣何塞州立大学,主修社会学,并于 1964 年以优异成绩毕业,获得社会学学士学位。1966 年,爱德华兹继续在康奈尔大学学习,获得社会学硕士学位,在那里他获得了伍德罗・威尔逊奖学金。1970 年,他在康奈尔大学获得社会学博士学位,在那里他帮助建立了联合黑人学生行动和奥林匹克人权项目。

如美国全国有色人种协进会（NAACP）①，这些组织促进了黑人地位的提升和改善。此外，非洲裔美国人已经进入美国劳工联合会和其他工会组织，这些组织对公共和民众倡导种族平等、人权平等，他们甚至在政治上对政府施加压力，将黑人权利纳入平等的范畴。

1946年，布鲁克林道奇棒球队②签下了杰基·罗宾逊。

杰基·罗宾森，1919年1月31日出生于美国佐治亚州，美国职业棒球运动员，效力于布鲁克林道奇队。杰基·罗宾森是美国职棒大联盟史上第一位非裔美国人球员。1947年4月15日，杰基·罗宾森穿着42号球衣以先发一垒手③的身份代表布鲁克林道奇队上场比赛。在这场比赛之前，黑人球员只被允许在黑人联盟打球，虽然美国种族隔离政策废除已久，但无所不在的种族偏见仍顽固地左右着社会各阶层，因此杰基·罗宾森踏上大联盟舞台的这个日子，被公认为是近代美国民权运动的重要事件。他的职业生涯一直持续到1961年。

20世纪50年代美国黑人民权运动蓬勃发展，1964年美国国会推出的《公民权利法案》将这一运动推向高潮。美国黑人是美国人数最多的少数民族，长期受到种族歧视，处于社会底层。第二次世界大战后受亚非国家有色人种争取民族独立斗争胜利的鼓舞以及工业化的进展，大批黑人流入城市，使黑人地位问题成为全国性问题，是运动兴起的重要原因。在民权运动的巨大压力下，美国国会于1964年通过《公民权利法案》，规定黑人可在初选等所有选举中投票。这些巨大的改变增强了黑人对获得公民身份、公民权利、公民义务的向往和追求，也增强了他们的信心。对于跨越种族的羁绊、提升体育比赛的竞技性都有很强的助推作用。

---

① NAACP（the National Association for the Advancement of Colored People），旨在促进黑人民权的全国性组织，总部设在纽约。该组织的目标是保证每个人的政治、社会、教育和经济权利，并消除种族仇视和种族歧视。

② 布鲁克林道奇队也称洛杉矶道奇队（Los Angeles Dodgers），是一支美国职业棒球大联盟球队，隶属国家联盟西区，1958年迁至洛杉矶后更名，道奇队成立于1883年。

③ 一垒手（First Baseman），指在棒球或垒球比赛中负责防守一垒的球员。其职责在于接捕一垒附近的击球，以及接捕守备球员的传球，促使击球跑垒员出局。

20 世纪 50 年代,奥尔西·吉布森(Althea Gibson)①是美国体育界女性的代表,她是美国著名的女子黑人网球运动员,也是参加美国网球锦标赛和温布尔登锦标赛的第一名黑人选手。

阿瑟·阿什(Arthur Ashe)也是著名的黑人网球运动员。阿瑟·阿什1943 年出生于弗吉尼亚州里士满,1975 年温网男单冠军,曾夺得包括温网男单冠军在内的 3 个大满贯冠军。此外,他还是首位代表美国征战戴维斯杯(Davis Cup)比赛的非裔选手,并在戴维斯杯比赛中取得 27 胜 5 负的战绩。1992 年,著名体育杂志《体育画报》评选阿瑟·阿什为当年最佳男运动员。从 1960 到 1977 年他是该项目唯一的男子黑人冠军。

20 世纪 50 年代,黑人运动员融入大学体育圈的步伐不断加快,这与职业联赛的整合不无关系。而这一时期,尤其在美国北部的大学,橄榄球、篮球、棒球的赛场上经常出现黑人运动员矫健的身影。

目前在校园体育中黑人运动员的地位提升虽没能像专业运动员那样得到充分的重视,但粗略统计 80% 以上的大学运动队,自 20 世纪 60 年代均不同程度地对黑人学生开放。在许多职业体育项目中,大学中黑人运动员与白人运动员不相上下,大学橄榄球队的关键位置往往频繁出现黑人队员的身影。

除了职业联赛的参与度,黑人运动员身份提升的另一个重要指标是收入的提高。20 世纪六七十年代,非洲裔美国球员签合同的速度往往比白人球员快很多,相比白人球员,黑人球员的薪水较低。20 世纪八九十年代,情况发生了逆转。例如,20 世纪 90 年代初,美国橄榄球队"印第安纳波利斯小马"②(Indianapolis Colts)的黑人球员埃里克·迪克森(Eric Dickerson)在四年内签下了价值 1065 万美元的合同,他也成为橄榄球界收入最高的球员之一。20 世纪 90 年代前后,美国职业篮球联赛 NBA 的 12 名最高薪金球员均是黑

---

① 奥尔西·吉布森,历史上首位获得美国锦标赛(即美网前身)冠军的黑人选手,她于1957 年夺冠后又在 1958 年成功卫冕。她获得单打、双打和混双在内的 11 个大满贯头衔,并于 1971 年入选名人堂。

② 印第安纳波利斯小马队是一支位于美国印第安纳州的美式橄榄球队,小马队创建于1946 年,曾获得第 5 届、第 41 届超级碗冠军。

人运动员。

美国棒球界的情况也极其类似,进入 20 世纪 90 年代,虽然黑人选手的数量持续下降,但黑人球员中相当一部分人的工资高于普通球员。1991 年,德怀特古登(Dwight Gooden)与纽约大都会(New York Mets)①签订了三年合同,签约费高达 1500 余万美元,成为美国棒球选手中薪水第二高的球员。随后还有很多黑人选手赶超德怀特古登。到了 20 世纪末,黑人运动员的高收入已较为普遍,以篮球芝加哥公牛队②的迈克尔·乔丹(Michael Jordan)③为例,他在 1996 年获得的广告代言费就高达 4000 万美元。

这与 20 世纪 60 年代形成了鲜明对比,非洲裔运动员在美国的地位得到了前所未有的提升,这与他们的个人努力分不开,也正是这种平等的环境给予了黑人运动员自由发挥的空间,使他们不必继续背负种族的枷锁。

(二)美国女性运动的发展

美国女性体育运动对世界女性运动产生了巨大的影响,美国曾为许多国家的运动员提供培训,其中包括大量的国外女性。

两项起源于美国的运动篮球和排球,是受欢迎程度最高的运动项目。多年来对于美国女性,当地各界鼓励她们积极参与各项比赛和运动。

美国女性体育的发展与现代社会的发展联系非常紧密,与社会政治、经济的发展也密不可分。女性在美国体育中的角色演变大致可分为三个时期:殖民时期,19 世纪过渡时期和现代体育时期。

1. 殖民时期女性运动

女性在美国体育运动中的形象比她们在其他时期的形象都要耀眼,特别是在 18 世纪中叶前。17 世纪初,欧洲人尚未占领这片土地,最早的女性运动员源自美洲的原住居民,他们的生活方式比较传统。在这种朴素的生活

---

① 一支在纽约州的美国职业棒球大联盟球队。

② 芝加哥公牛队是一支位于美国伊利诺伊州芝加哥的职业篮球队,1966 年成立并加入美国男篮职业联赛(NBA)。现从属于 NBA 东部联盟的中部赛区。

③ 迈克尔·乔丹,前美国职业篮球员,司职得分后卫/小前锋,现为夏洛特黄蜂队老板。

里,体育和其他的体力工作都被嵌入平凡的生活中。例如,宗教仪式中,从少女转变为妇女的仪式中就体现着运动符号,仪式中女性要和男性共舞数小时,还伴有身体和体能的展示。球类比赛往往是女性完成日常工作后最爱的项目,比赛结果能直接影响到女性在家庭或村庄中的地位。有的妇女经常把日常生活器具和物品作为投注,如砍伐储存的木材、收割的谷物粮食、贝壳和动物皮等。赢得比赛的女性不仅赢得了荣誉,还赢取了较多的物品资源。

17 世纪,随着欧洲殖民者蜂拥而至,非洲移民随之大量移入。这些人形成了各自传统有序的生活方式,体育运动也穿插在生活的方方面面,如日常工作、普通仪式庆典等。17 世纪中叶以后,运动中男女的性别比例逐渐趋于平缓。一些女性拥有较固定的运动项目和游戏内容,特别是带有休闲性质的纸牌游戏,很受女性的欢迎。在乡村的收获时节随处可见,妇女们边运动边享受收获食物的快乐,庆祝丰收的喜悦。新兴城镇中也随处可见休闲锻炼的场景。在新英格兰地区①,随处可见丈夫带妻儿在河畔边钓鱼,在水中航行的场景。

18 世纪初,新兴城市有了许多公开的商业和实体展览场所,这些场所经常可见男女跳钢绳舞,此项运动在当时十分流行。18 世纪中叶,欧洲和非裔移民女性的参与体育的范畴有了进一步扩大。受奴役的黑人和黑人妇女可以在礼拜天晚上或节假日参加一些运动或消遣类活动,他们载歌载舞,畅玩各种游戏和参与各项比赛,这为他们在繁重劳动之余带来了片刻的享受和安慰。

许多农场主和商人发起的农产品集会也有一些竞赛环节,其中就包括竞走项目,黑人妇女通过此类比赛可以赢得衣物等日常用品。农场中的白人妇女在节日、婚礼、聚会时也会参与此类活动和各种比赛。农业社区的女性有时还会参加赛马,甚至和男性一起比赛,她们希望凭借自己的技能技术取胜。

中产阶级和上层阶层的女性,特别是在城镇和大城市居住的女性,可以参加更为广泛的体育娱乐活动。在南方种植园,许多贵族妇女经常参加赛马

---

① 新英格兰在美国本土的东北部,包括 6 个州,由北至南分别为缅因州、佛蒙特州、新罕布什尔州、马萨诸塞州、罗得岛州、康涅狄格州。

或猎狐等趣味活动。同时期北方的贵族女性更愿意参加舞会、打牌等方式的消遣,她们常去现场观看体育比赛或体育展示,如竞走、摔跤、杂技及马术表演等。

2. 19 世纪过渡时期的女性运动

18 世纪下半叶,一系列政治经济的进步也逐渐影响了美国女性的角色改变。启蒙思想与新兴资本主义的融合,对女性的地位做了重新界定,很多妇女回归家庭,远离公共活动。这些转变直接影响到许多妇女从田径赛场回到看台,或是必须在男性的陪伴下才可出现在公众场合,这种趋势在城镇和大城市尤为凸显。中产阶级和上层阶级的生活步调越来越受商业、工业和社会节奏的影响,他们认为女性应回归家庭,应承担家务和培养孩子的责任。继续生活工作在南方农场和种植园的女性并没有体验到这些角色和生活方式的变化,她们依旧按照先前的方式生活,仍旧从传统体育和其他身体实力抗衡的运动中获得愉悦,展示能力,获得消遣。

19 世纪中叶,棒球等运动项目在美国东部大城市迅速流行。妇女参与这类项目的热情逐步高涨。19 世纪 50 年代,女性主要作为观众观看比赛。在棒球等激烈的对抗项目中,女性观众观看比赛时的优雅逐渐显现,民众希望能将女性的道德准则和道德素养带入比赛,影响到参赛队员和观众,以此激发大家对社会秩序的重视和遵守。

内战结束后,很多女性希望进入大学深造学习,在校园里她们开始参加一些新兴的现代体育项目,这些体育运动的社会影响力在内战结束后不断加强,特别是在美国 19 世纪 60 年代至 70 年代,伴随着技术通信的快速发展而不断加强。位于纽约的瓦萨学院、位于马萨诸塞州的史密斯学院和韦尔斯利高等学院等,都组建了女生棒球俱乐部,之后又迅速地组建了网球、槌球①和射箭等俱乐部。

美国内战后,中上阶层的女性开始越来越多地参与到现代体育中来。当地的军械库变成了游戏运动的体育馆,很多男女共同组建俱乐部,打破了男

---

① 槌球:是在平地或草坪上用木槌击球穿过铁环门的一种室外球类游戏。它起源于法国,是旧时法国的一项体育运动。20 世纪 30~40 年代,槌球游戏传到中国,又称门球。

性俱乐部的霸权，以寻求新的俱乐部模式。俱乐部的新模式为城市、城镇女性提供了各种各样的机会，从滑冰、划船到捕猎、射击，再到网球。19世纪60年代后，自行车骑行受到妇女的欢迎，自行车骑行比赛盛行开来，这类项目为女性提供了前所未有的体验和感受。在运动中她们感受到前所未有的身心自由和身心愉悦。自行车骑行也推动着时装改革，女性时常脱掉紧身胸衣，身着灯笼裤或一身清爽利落的骑行装骑单车，女性运动的新时代到来了。

3. 现代体育时期的女性运动

19世纪中期前，上流社会的女性没有机会参与竞技体育，她们在家庭生活中扮演着贤妻良母的角色。到了19世纪七八十年代，这些女性逐渐加入各种俱乐部、如社交俱乐部、乡村俱乐部、体育俱乐部等。大多数女学生也在大学期间参与到体育活动中。19世纪90年代到第一次世界大战期间，许多女性的地位和生活质量有了明显的改善，最为显著的是很多美国上层社会的女性经常去欧洲度假或长期生活在欧洲，她们有机会接触参与欧洲的各种体育运动，这种耳濡目染的熏陶助推了她们将欧洲体育文化和体育思潮带回到美国并传播开来。1900年在巴黎举行的奥运会有19名女性运动员参加，这是史无前例的飞跃。

这一时期，体育设施质量的提升、体育用品价格的下降及体育受众人群数量的激增，都促进了体育成为娱乐产业及其职业和半职业模式的发展。1929年后，经济大萧条席卷美国，随即影响到美国的体育产业，但体育产业并未遭受毁灭性的打击，面对困难，体育产业仍存在发展的空间和发展的机遇。

伴随着工业运动的发展，20世纪30年代，垒球和保龄球等运动在女性中盛行开来，变得十分流行。女性参与奥运会也获得了广泛的支持。更重要的是，女性逐步跳出传统角色，这种趋势在第二次世界大战爆发后变得尤为突出。1941年由美国箭牌糖果有限公司和美国职业棒球大联盟（MLB）之一的球队"芝加哥小熊队"（Chicago Cubs）共同资助了"全美女子棒球联盟"（All-American Girls Baseball League），这是专业棒球队向女性抛出橄榄枝的信号，也预示女性进入专业体育领域成为可能。1943年前后"全美女子棒球联盟"在美国五大湖周边地区频繁参与比赛。女子棒球联盟的发展及兴盛推动了美国女子职业运动的发展。

1955年"美国女子职业高尔夫协会"(Ladies Professional Golf Association,LPGA)成立,随后几年该协会连续组织了九场锦标赛,并提供上万美元的奖金。五年后,女子高尔夫选手每年可以在高尔夫职业协会巡回赛上获得总额225000美元的奖金,这笔收入在当年是非常可观的。

20世纪四五十年代,美国大学中的黑人女大学生也积极参与了各项运动项目。田纳西州等地的多所大学开展了女子田径运动,组建了女子田径队,田径队中黑人女性占据了大部分。各大高校学院进行资源整合,培养选派的女子运动选手能代表美国参加奥运会,并且在比赛中创造了历史性的佳绩。

1960年,黑人女运动员威尔玛·鲁道夫在罗马奥运会上夺得了女子100米决赛的冠军。当她第一个撞线后,赛场上掌声如雷,人们纷纷站起来为她喝彩,齐声喊着这个美国黑人的名字——威尔玛·鲁道夫。威尔玛·鲁道夫是奥运会历史上最伟大的女子短跑运动员之一,1962年鲁道夫宣布退役,结束自己的运动员生涯。退役后,鲁道夫从事教练工作,并且为穷苦儿童做了大量的工作。

威尔玛·鲁道夫是那个时代杰出女性的代表,像她一样的美国非裔女运动员一次又一次刷新了世界纪录,她们为黑人女性的前进指明了道路,指引她们走向胜利之门。那个时期杰出的黑人女运动员还有杰西·乔伊娜·柯西,她是第一位在七项全能赛中获得金牌的女性,也是第一位在七项全能赛中获得7000分的女运动员,更是美国第一位赢得奥林匹克跳远项目金牌的女性。

20世纪60年代后期,现代女权运动、青年文化运动等诸多社会因素影响着美国,使整个国家乃至国家体育也受到冲击。当时美国特别规定,接受联邦资金的学校或学院必须为女性提供与其入学人数成比例的体育运动机会,很多女性都得益于此。美国女性在体育方面的经历与参与度,她们对平等权利的追求,及个人参与职业体育所产出经济回报的需求,这些都深深影响着全世界体育的发展。1974 年成立的美国女子体育基金会,帮助很多国家组建了相关的体育基金会组织。此外,美国女子体育基金会于 1999 年 5 月获得联合国经济与社会理事会的资助,这样美国女子体育基金会能向理事会成员国提供各种援助,其中就包括倡导女性积极参与体育锻炼和体育运动。这些举措都推进了世界多国女性参与体育、爱好体育和融入体育。

二、人格塑造

体育运动中潜移默化的便是对训练者品格的塑造,体育品格的塑造和提升多指通过体育锻炼培养社会所需人才的人格特质,如诚信、责任、健康、独立等特质的培养。为进一步厘清体育品格塑造个人性格与意识形态,我们对这一概念的文化背景和社会发展进行条理性梳理。

(一) 运动塑造性格

19 世纪美国人通过体育运动获得社会成就的意识较弱,许多体育史学家认为:19 世纪初的美国,体育运动没有显著的特点,社会价值体现不突出,更无法对个人品质的提高有任何帮助。

相较于 19 世纪中期的英国,私立寄宿学校将体育作为一种教育方式的做法赢得了公众的认可,学生们投身体育锻炼,把大量的时间和精力用于运动。社会学家克里斯托弗·阿姆斯特朗认为,体育运动中的性格塑造为英格兰不断发展的精英阶级提供了绝佳的发展空间和榜样的力量。在学校里男孩们通过勇气磨炼、道德提升和专注的团队合作精神,诠释自己是公平竞争的倡导者,为实现自身的理想而努力的执行者。

英国体育历史学家彼得麦金托什认为,体育在学校体系中真正发挥的作用是在学生人格塑造中完成的。从 19 世纪 60 年代,体育运动承载着塑造学生社会品质和男子气概的作用,运动在学校中的地位独特且重要,不容忽视。

近两个世纪,英国私立寄宿学校的毕业生在英国众多领域都成为领导者和佼佼者,这些与学校较强的自治传统有着必然联系,因为英国人普遍认为控制自己和管理他人为男孩尽快适应未来的角色提供了良好的机会。学校中与体育相关的事情几乎完全由学生来管理,在运动中他们组织、管理和指导自己;比赛充满活力,竞争激烈;他们强调默契、牺牲、合作的体育精神,并坦然接受失败。这些团队运动所体现的优良品质使得团队运动受到广泛关注和重视。

(二) 性格塑造融入美国

美国社会认同英国上层阶级的许多想法和实践行为,运动主义及其伴随的体育人文及性格塑造也被引入美国,但两国截然不同的文化氛围和文化环境带来了体育文化的迥然之别。早期的美国,体育运动对于性格发展和性格塑造的促进并未受到广泛关注,只在近一百年才被认同,当年盛行于英国私立学校的体育运动对文化氛围和社会价值的引领与带动在美国体育运动中并未有明显的体现。

20 世纪初美国教育当局开始意识到,作为公立高中和社区青年机构,教育部门应组织有益的体育项目和体育运动来提升民众品质和道德素养,同时也有助于提高民众的整体素质。社区的青年体育项目和高中体育项目逐渐转化为美国青年在社会、经济等不同行业、不同职位体现团结与忠诚的有效途径。体育被上升为塑造人格、传播先进资本主义思想的教育媒介。体育不仅是人类表达和实现自我的出口,也是集体和机构形成共同意识的载体。

很多教育者和体育管理者认为体育运动是一种有价值的教育手段,这种方式手段在现代工业社会中与建立公民合格身份的特质相匹配,在有组织的体育运动中注入高度的企业文化和公民意识是倡导体育精神的最佳方式。20 世纪美国的公民意识中强烈寻求团体合作、制度统一和对国家的忠诚,以及个人利益服从群体利益。因此,体育运动被看作是向青年人灌输共同理想、合作方式、共同思维模式和社会凝聚力的重要媒介手段,是为资本主义文化服务的重要工具。于是社区活动和学校体育在美国社会政治经济中占据了强大的主导地位,成为不容忽视的塑造个人性格的独特方式,成为顺承旧文化格局、构建新文化体系的桥梁和纽带。

（三）当代体育与性格塑造

有组织体育项目的社会关系不仅对参与者提出了更高的纪律要求，还培养了参与者的社会特征、自我形象和阶级的社会认同，这些均是准确适应成人角色的重要特质。个体参与者被期望尽最大努力去适应组织的需要和要求。当代体育中流行的标语口号"单个球员非团队，团队塑造真球员"就是最好的体现，只有个人融入集体，个人才能在集体的熔炉中锻造自己，提升个人素养和品质。

当代，有组织的体育运动中典型的社会关系即是教练与运动员之间、运动员之间及运动员与运动任务之间的连接关系。这些关系通过他们内在的社会关系和更高社会内部关系的对等复制来完成，体现了等级分工和社会价值。有组织的体育运动能够改变社会结构和繁殖人类优良的道德品质，一个真正、广泛的公众利益会牵动参与者和体育文化的发展，成为丰富个人发展的媒介、桥梁和纽带。在当代体育运动中，美国民众树立了自信心，在团体项目中增强了合作意识和竞争理念，同时培养出顽强的意志品质和道德素养。他们最大限度地拓展自身的能力，实现个人的人生价值和苦苦追寻的"美国梦"。

三、竞争

体育价值的另一种本质诠释就是达尔文主义[①]，即生活是一场只有适者才能生存的斗争，运动中的竞争理念也是组织体育运动的核心内容。许多美国人认为，学习如何在运动中获胜有助于培养努力获取成功的优良品质，这些品质在人的一生中是不可或缺的。这种训练反过来也会促进整个美国社会竞争意识的增强。美国教育人士普遍认为：为了未来美国商业和军事的发展及辉煌，体育运动中传授的竞技伦理观念必须在年轻人中根深蒂固。竞争文化在美国文化中的根源深厚，我们可以从美国的发展中初见端倪。

---

① "达尔文主义"，常以自然选择为手段解释地球上生命历史多样性的生物进化理论。

(一)美国文化中的竞争

美国独特的经济政治条件使得早期的商业领导者相对于欧洲同行有着明显的优势——有机会在没有老牌贵族参与或反对的竞争环境里赚钱并发展事业;远离强大竞争对手的新世界中,美国无须发展强大的军事力量来对抗资本家的领导地位;也没有中央教会创立的一套信仰,来挑战资本主义在美国文化中意识形态中的主导地位;美国政权起源于刚刚脱离殖民统治的独立政权,因此控制力较弱,无法与强大的、日益壮大的资本主义阶级相抗衡。这些因素成为主导国家生活及文化导向的主要价值因素。

德国哲学家马克斯·韦伯(1958)在他的著作《新教伦理与资本主义精神》中也提及了此论点。韦伯指出,加尔文主义宣称上帝会根据个人今世的修行,指定来世被拯救或是被诅咒,这种来世的区分有助于激励人们在现今世界为成功而拼搏,从而向自己和他人证明:只有努力、竞争和拼搏,他们才有机会在下一轮回中得到拯救。美国的文化道德很大程度上植根于宗教信仰,竞争理念更是源于此。这些在日常生活工作中也有所显现:美国人对待工作会表现得较为刚强,工作时常常富有挑战性、竞争性,但他们也会公平行事。

随着对工作的关注,美国个人的价值也体现在他们的成就上,对于结果的强调,美国文化变得更关心目标的实现而不是手段。事实上,许多美国人尊重并享受竞争,有时甚至是残酷的竞争,体育运动似乎被广泛认为是竞争的最佳方式。而体育明星通常代表着努力工作的成功人士,他们是运用身体技能、个人品德意志、自律、智力和毅力,在个人或团队竞赛中击败对手的强者。在多数普通人平淡无奇的世界里,这些顶尖运动员代表了一种戏剧化的对比与提升。

当今美国一些收视率极高的节目多是体育节目,如"超级碗"等一系列重大世界体育赛事的转播。美国最受欢迎的超级体育明星——迈克尔·乔丹、沙奎尔·奥尼尔、查尔斯·巴克利等都是家喻户晓、资产富有的成功人士。而且美国体育市场待开发的空间很广泛,一些中产阶级愿意花四五千美元参加为期一周的梦幻棒球训练或篮球训练营,只为在训练营里可以接触到童年时就仰慕的体育明星,受到他们的指导,并与这些明星同场竞技、拼搏。

(二) 美国体育中的竞争

竞争的价值通过体育影响了美国社会。美国有组织的体育运动项目的参与者接受以目标为导向的参与模式,这种模式非常注重通过竞争取胜。无论是大学的校队还是专业团队,大型体育运动都强调高度组织化和高效系统化。在专业层面,竞争的成功与否往往取决于高额的资金投入和系统高效的组织管理,这样的团队可以通过签约并整合顶级球员为之效力。赛季中,每位队员都需要奋力拼杀,整个团队才不致陷入困境;一旦失败,他们的赛季即会结束,队员只能折戟而归。

团队中,教练就是老板。如果团队想赢,每位队员都必须严格遵循教练的命令和指挥,教练对队员施加的压力和约束力往往很大,有的会超出队员的承受极限,接受痛苦是队员磨炼意志过程中的重要手段。运动员经常忍受疼痛和伤病出现在公众面前,特别在比赛竞争期间。教练鼓励队员唤醒情绪,将各种负面情绪,如危险感、愤怒感,甚至因为疼痛而带来的焦虑化作比赛的动力,用竞争中的激情澎湃震慑对手。与此密切相关的是体育运动中对暴力的关注,暴力常被美国人异化为"坚强"和"男子气概",这是许多美国人心目中高水平竞技运动员的缩影,教练往往这样鼓励队员,鼓励他们朝着优秀迈进。

纵观美国两百多年的历史,美国文化中对成就和成功的竞争获取是这一内容的重要组成部分。在现代美国,大学体育和职业体育的发展也提升完善了这方竞技的舞台。

四、自律

与此同时,体育运动还为美国人自律和社会控制能力的形成提供了平台,服从权威是体育运动的普遍要求,美国人相信体育精神和体育价值,他们的口头禅是:"规则即规则,毋庸置疑""做一个好队员,按照规则去比赛"。

这种公平竞争的理念影响着美国人,影响着他们生活的方方面面,影响到他们的政治态度和处理个人事务的方式。同时,他们还强调参与精神。我们时常能看到各种比赛前或中场有各式各样的暖场活动。最常见的就是各种比赛跳舞的年轻女孩,她们的欢呼雀跃展现了美国民众的参与热情,也体现出了民众极高的参与度和团队精神。民众仰视体育精神,遵守体育规则、尊重体育选手,用谦虚谨慎的态度面对得失,这种相通的理念也影响到他们的政治态度。遵守规则和绅士般的竞争理念对美国人产生了微妙的改变。

学生的自律也是老师关心的问题,规范学生是所有教师必须考虑的事情。例如,在一个杂乱无序的环境,教师不好好教,学生注意力无法集中,宝贵的时间悄然而逝,在这样无序嘈杂的环境中学习任务无法完成。如果老师容忍课堂上这种无序和缺乏严明的行为,那么这种行为势必会蔓延扩散。在学生中建立井然有序、自律规范的行为标准和行为准则是教师应尽的职责,也是美国精神所倡导的核心内容。

因此,美国教育工作者和研究人员开始倡导建立更广泛、更积极的学科体系,注重培养掌握学科技能的体育教师让学生在体育场馆内积极地参与运动、参与学习。一个高效的体育老师往往会细致安排每节课的内容,从座位安排到课堂内容甚至上课指令等,教师的这些授课技巧看起来更像是学科艺术,其中不仅有学到的技能,也有自律行为的内化。通过一段时间,教师可以潜移默化地强化这种有效的纪律行为,使学生更加本能地提升这种自律行为。

五、宗教和体育

对于众多美国人来说,运动不仅是娱乐,也是一种民间宗教的方式、一种英雄崇拜。宗教是人类社会发展到一定历史阶段出现的文化现象,是特殊的社会意识形态。简单说,宗教是社群对所认知主宰的崇拜和文化风俗的体现。多数宗教宣扬的是对超自然力、宇宙创造者和掌控者的敬畏,它为人树立了信仰体系。

事实上,人类早期的文化、经济等就和宗教联系紧密,体育和宗教联系亦然。U.新恩就曾指出,奥林匹克竞技赛会的神灵崇拜、贸易和文化之间存在着相互依赖的关系。他也在《奥林匹亚:宗教、体育和古代节日》①一书中对这一观点进行了阐述。

体育不仅承担着运动、健体、强身的功效,也是一种文化载体,承载着人类的文明与信仰。崇拜也是宗教的本质要素,从道德层面正确引导信徒信奉宗教和参与机构活动通常是宗教生活的重要组成部分。

在一个团体或组织中,人们试图用相似的规则、规范、价值观、教条、教派使团体的信仰和信念趋于一致。面对众多不确定性,人们经常将宗教信仰和宗教仪式作为支撑。宗教提供了一种疏解的渠道,身在其中人们可以寻求到生命的意义。因宗教信仰是相通的,它可以成为群体团结融合的纽带,同时也可以成为人与神之间的桥梁,某种意义上宗教已成为社会控制力的基础,宗教信仰某种程度上助推了体育运动的发展。

埃米尔·杜尔凯姆②在《宗教生活的基本形式》(1912年)中探索研究了神圣和亵渎等元素间的功能关系。体育在现代社会里发挥了非同一般的作用,对于宗教也具有极其深远的影响,最为突出的是纯粹的神圣,对神灵无限的敬仰和不容亵渎。中世纪前,体育活动往往出现在宗教活动和庆典中。直到中世纪,体育比赛才定期在宗教控制下展开。"人是天生的体育动物。"③体育成为宗教仪式的固定流程进入人类视野,使体育脱离人体本能活动,开始建立新的价值体系和思维活动,体育便成为维系国家民族情感的工具。长期以来,体育和游戏等都会受到教会的严格控制,因教会关注人们身体和灵魂的归属和统一,体育比赛只允许在宗教庆祝仪式或宗教节日举行。因此,体育具有宗教色彩和上帝的旨意。

古代奥林匹克运动会始于公元前776年,希腊人在宙斯神庙祭祀宙斯以

---

① Ulrich Sinn. Olympia:Cult,Sport,and Ancient Festival [M]. Princeton:Markus Wiener,2000.

② 埃米尔·杜尔凯姆(Émile Durkheim),法国犹太裔社会学家、人类学家,法国首位社会学教授,《社会学年鉴》创刊人,主要著作有《自杀论》《社会分工论》等。

③ 刘欣然,蒲娟,黄玲,等.古希腊城邦体育运动的文化探析[J].西安体育学院报,2009,26(5):517-521.

纪念神灵,这是早期体育的宗教源头。现代奥林匹克运动会以奥林匹亚为中心,近代奥林匹克运动创始人皮埃尔·德·顾拜旦在现代奥林匹克运动中继续运用这一内涵,发扬体育美德,弘扬体育精神,传承体育文化,在力与美的较量中达到灵与肉的统一,这也是体育与宗教相得益彰的最好诠释。

在当今社会中,体育与宗教之间存在着许多契合之处。刘勇曾指出宗教与体育在当代存在融合关系:宗教的伦理道德与体育道德的融合;宗教中的体育仪式与体育中宗教行为的融合;宗教的精神关怀与现代养生思想的功效融合。[①]

张凯蛟将体育视为现代人的宗教:体育和宗教均可使人由迷恋进入一种超凡脱俗的神秘境界;体育和宗教都可以使人燃烧起忘我的狂热;体育与宗教都制造着崇拜。[②] 运动明星被当作英雄一般的神加以"崇拜";"虔诚"的体育粉丝每日必读体育新闻和体育网页;有的粉丝则收集所谓的"信仰符号",如奖杯、明星签名的棒球及运动相关的纪念品;团队领导会通过仪式等活动全力发挥精英队员和教练的光环效应,从而激发其他队员的斗志,激励他们形成强烈的集体价值观,达到内化与外化的统一。

宗教中的"成功"被阐释为"在牺牲和痛苦中努力实现人类的完全释放,摒弃人体至上的观念"。在体育运动中,运动员和教练依托这种阐述提升运动员、队员的心理支撑,寻求其精神动力的来源。运动员在比赛中应对竞争挑战和不确定因素较多,他们试图为自己的体育生活找到特殊的意义和价值,以求达到心灵与身体的契合。教练员还利用各种形式的宗教活动和宗教信仰增强团队的凝聚力,在很多重要比赛前,教练都会要求队员进行一些含有宗教性质的活动。

积极的宗教信仰和宗教仪式可以给运动员带来身体和精神上的鼓励,缓解焦虑,帮助他们集中精神,自信地面对比赛;同时也能为运动员提供锻炼身体、发展技能的强大精神支撑。

---

① 刘勇.宗教与体育关系自议[J].中国宗教,2008(5):59-62.
② 张凯蛟.体育如宗教般迷狂[J].大科技,2008(4):115-117.

第二节 美国体育价值观

伴随着时代变迁,各项运动的不断发展,组织的分合重组、人员的新老接替,美国体育迈向了一个又一个新高度。从美国的体育价值观念体系来看,其深层内涵、传播策略和表现形态会随着国际政治经济的较量和广大受众需求的变化而不断演变,但不变的是其核心价值观的一脉相承。

一、美国体育价值观的核心内涵

美国是一个建国不到三百年的国家,因其种族、民族、文化的多元而被称为"大熔炉"或"马赛克"等,意旨其各种元素交相呼应,层层叠加。尽管如此,美国社会还是形成了一套影响其国民生活方方面面的较为稳定的传统价值观念,并对其思想、道德和文化事业产生了巨大的影响。

(一)个人主义,个人至上

美国文化突显其文化机制和文化逻辑。美国文化中一直宣扬西方文化的情理论,即情理、法理。在美国,理性主义、法治主义的基础和根基是个人主义。美国人的"自我中心"相当强烈,国民为实现自我价值而不懈努力,他们推崇"个人自由"(Individual Freedom)和"个人主义"(Individualism)。美国人认为个体有控制自己命运的愿望和能力,并使其免受政府、上层统治阶级的外来影响。

美国文化的核心是个人主义,他们相信这是个人的尊严甚至是个人的神圣。美国人为自己思考,为自己判断,为自己做决定,按自己认为适当的方式而生活。违背这些权利的任何事情都是亵渎神明,都是违背道德。美国人最大的愿望往往是同个人主义紧密相连,甚至一些社会深层问题,亦是如此。

在《社会学》①一书中伊安·罗伯养逊也认为后工业化的美国社会最突出的特征就是个人主义②，崇尚个人自由。在美国社会里，个人目标的实现，个人自我价值的体现都受到人们越来越多的关注，个人欲望的满足比传统的社会责任更加重要。《简明大不列颠百科全书》③曾这样定义美国人的"个人主义"："一种政治和社会哲学，高度重视个人由，广泛强调自我支配、自我控制、不受外来约束的个人和自我……"也就是"我笃信我的个人主义，同时也尊重你的个人主义"。

美国人的个人主义源于美国人的祖先，他们在中世纪从欧洲迁至美洲，而中世纪欧洲的文艺复兴如火如荼。为打破封建主义和天主教义的强烈压制，自14世纪到16世纪，欧洲兴起了文艺复兴运动，意图复兴古代希腊、罗马所宣扬的自由文化，实则要求以人权反抗神权、以人道反抗神道、以理性反抗迷信。恩格斯曾这样评价文艺复兴："文艺复兴是一次人类从来没有过的最伟大、进步的变革。"④在美国《独立宣言》中开宗明义地写道："我们认为这些真理是不言而喻的，一切人生而平等，他们都被造物主赋予某些不可剥夺的权利，其中包括生命的权利、自由的权利和追求幸福的权利。"18世纪90年代美国通过了一系列"权利法案"，明确而具体地保证了个人的自由和权利，使个人主义、个人至上成了美国政治生活和文化传统的基石和模式。

无论哪个时期、哪个阶段，美国人都不愿受传统的束缚，从"迷惘的一代"到"垮掉的一代"，他们都有着冲破传统禁锢的叛逆性格。美国人挑战传统、追求个性自由的价值观影响了几代人，在美国一切个人的自由甚至隐私都是合法、合理的，是人们的基本需求和权益。

---

① 伊恩·罗宾逊，等.《社会学》(上下册)[M].黄育馥，等译.北京：商务印书馆，1994.

② 个人主义是一种强调个人自由、个人利益，强调自我支配的政治、伦理学说和社会哲学。实质上，这是一种从个人至上出发，以个人为中心来看待世界、看待社会和人际关系的世界观。

③ 简明不列颠百科全书由中国大百科全书出版社和美国不列颠百科全书公司合作编译，1985年版。

④ 马克思恩格斯选集：第三卷[M].北京：人民出版社，2012：第445页。

（二）崇尚竞争,获得成功

美国是一个彻头彻尾的商业社会,"机会均等"和"公平竞争"成了美国社会公认的价值观,由此形成了思维定式:参与竞争—顽强拼搏—获取成功。这一链条中机会均等是成功的基础,所以美国人提倡自由开放的环境,认为自由选择和自由竞争是政治经济活动的基本。他们淡化社会属性和生产关系中的地位,弱化经济基础和上层建筑,反对国家干预经济,寻求抽象的"理想市场"。他们崇拜隐形的力量,认为每个个体都是理性的人,市场的自我调节是最优化和最完善的机制,市场的自由竞争是实现资源最佳配置和公平竞争的唯一途径。美国的自由主义继承了资产阶级的精髓内涵,即自由化、私有化和市场化。

早期怀揣自由梦来到美洲新大陆的欧洲移民是为了摆脱欧洲一些国家的皇权统治和宗教压迫,企图建立一个宽松、自由的宗教圣地而来到美洲的,他们的价值取向和价值追求对美国的建国产生了深远的影响。当今美国人的价值观集中体现在崇尚自由、个人拼搏、个人至上的公平竞争,金钱至上和敬业进取的美国精神。这在美国篮球职业联赛(NBA)中体现得尤为突出。美国年轻人18岁以后就开始追逐实现出人头地的"美国梦",这是最能体现美国精神的生活方式和理想状态。这种对自由、平等、进取和成功的不懈追求是美国的理想主义信念,是对机会均等、人人都能创造奇迹的期许。这是"美国梦"的体现,也是美国精神的体现。

（三）拜金主义,崇拜物质

美国人信奉通过个人奋斗来实现成功,对物质财富的占有成为衡量个体成功与否的关键和标准。因此,对于美国人,拥有昂贵的轿车、豪宅和一掷千金的生活方式是显示地位和价值的最好标志。

20世纪60年代,"精神的物质享乐"成为一种流行的社会思潮和文化表象。年轻一代对现实的困惑、对战争的厌恶、对生命意义的迷惘,是新时代运动的直接肇因。这使 20 世纪 70 年代成为美国"新时代运动"[①]最红火的年代。

新时代运动从 20 世纪 60 年代的非主流运动发展到 20 世纪 80 年代融入西方社会的主流文化。随着新时代运动的蓬勃兴起,在美国掀起了新时代的热潮。一瞬间,全美的书店、电视、广播、学校……到处都可找到新时代运动的踪迹。根据美国教派专家瓦特·马丁(Walter Martin)的统计,每四个美国人中就有一人参与过新时代运动。

(四) 民族优越感强烈

美国是一个宗教信仰深厚的移民国家,缺乏传统民族主义中对种族和血统的认同,美国的爱国主义和民族凝聚力是靠美国的自由主义制度、民族优越感和历史责任感来联结的。

个人主义价值观支配下的美国,自由、民主、公民权利、三权分立、私有财产的不可侵犯、宪法的至高无上等都是占主导地位的意识形态,也是美国社会公认的不容挑战的原则,甚至将其称为"西方文明"的典范,要把基督教文明的价值体系和美国社会模式的结合作为普遍真理加以推广,推广到世界的每一个角落,并认为这是上天赋予美国的神圣使命。

"西方文明优越感"终其缘由是一种殖民主义心态,长期的积淀使其成为西方的一种价值观和价值走向。尽管现代西方文化中心的地位面临着一些危机和挑战,但多数美国人依然自信:在所有的文明之中,唯独西方文明对其他文明产生过重大的甚至是压倒一切的影响。一贯富有使命感的美国,认为非西方国家的人民应当认同美国的民主、人权、自由、个人主义和法制的价值观念,并将这些价值观融入他们的体制中。

然而,非西方国家的人民并不赞同和提倡这些价值观,大部分非西方化的人民对"西方文明优越感"是持怀疑态度或强烈反对的,在非西方人看来

---

① 新时代运动是一场声势浩大的文化寻根运动或思潮,自 20 世纪六七十年代以来,历经三十多年的迅猛发展,从西欧和北美扩展到世界各地,形成风靡全球的反叛现代性的文化寻根大潮。影响所及,在学术、思想、宗教、科学、法律、商务、文学艺术和日常生活等领域都引发了巨大的冲击波。

这些就是西方保持主导地位和维护自身利益的手段。

美国的国家利益决定了其对外文化传播的方向和坐标,美国式的价值观和利益观随着美国的强势传播到世界各地。美国注重国家利益,国家利益的出发点是把世界看作一个利益对抗和冲突的整体。在这个冲突不断、矛盾共存的世界中,美国主张为其利益最大化谋求出路,这也是美国利益的表现手段。美国的国家利益是一种放大的"个人利益",衡量标准已不局限于社会的满足和他人的满足,而是根据个人或是群体是否获得了满足。

二、美国体育文化的价值演变

美国文化是美国精神的根基和源泉。朱世达先生在《当代美国文化与社会》①中对美国的文化渊源有三条主体脉络的阐述:一是清教主义,二是自由主义,三是个人主义。这些也是催生美国文化较深层次的根源。

(一)个人至上的不懈追求

15世纪,美国人成功地在美洲发现和创造了一个新大陆的同时,也极大地推动了世界各地的文化交流。像美洲的橡胶、玉米、烟叶、番薯、可可与马铃薯等物产都是通过西班牙人带回欧洲后传遍世界各地的。而欧洲移民把大麦、黑麦、燕麦、水稻等作物以及马、牛、骡等牲畜带入美洲生根发芽并繁殖,从而大大丰富了东西半球的文明交流形式。这一新大陆的开发和发展过程所积淀和建构的独特而充满生机的美国文化,处处渗透着创业者的个人奋斗、锐意进取和注重实效的精神,体现了美国早期的开拓精神。个人至上主义是美国精神中最基本的、恒久不变的核心价值观。而此"无集体意识"价值观的形成,最早可追溯到为躲避宗教迫害而从欧洲移居美洲的移民,他们历尽千辛万苦地开发美洲"新世界"的初衷是要重建纯正的基督教,基督教从一开始就坚持把个人的价值置于突出的地位。真正的自由、个人之权利以

---

① 朱世达.当代美国文化与社会[M].北京:中国社会科学出版社,2000:1-19.

及对个性的尊重,在早期希腊、罗马文化里便可找寻踪迹。①

17世纪英国哲学家洛克②从古典自由主义和个人主义的角度对此进行了道德方面的解释:天赋人权,生而平等,人的天然权利就是保卫自己的生命、自由、财产不受侵犯;政府的基本任务是保护公民的天然权利。这成为欧美现代个人主义思想的哲学基础。

美国是一个笃信宗教的国度,在美国2亿多居民中,95%的人有信仰,基督教徒占到信教人数的90%左右。宗教在很大程度上成为美国人的精神支柱,几乎每一个美国人都有宗教情结,而建立在宗教基础之上的个人至上主义和独立奋斗精神成为美国人的生命基调和美国社会发展的内在驱动力。

通过竞争取胜是每个美国人的精神信仰,顽强拼搏的斗志、为获胜誓不罢休的执着,都是对竞争精神的褒扬。由于深受个人主义观念的影响,美国人也极力推崇个人英雄主义,相信个人只有通过努力奋斗才能成功的道理。亲情、爱情和友情也成为个人奋斗获得个人幸福的来源,在困境中经受各种考验,对现实中的美国人意义更为重大。

第二次世界大战后实用主义③与爱国主义相统一的"美国梦"是民众普遍追求的,战后长期的经济繁荣为美国带来了巨大的物质财富,个人至上主义的过度追求和恶性膨胀也使它走向了自己的反面。20世纪六七十年代美

---

① 阿尔文·施密特.基督教对文明的影响[M].汪晓丹、赵巍译.北京:北京大学出版社,2004(9):239.

② 约翰·洛克(1632—1704),英国哲学家和医生,被广泛认为是最有影响力的启蒙思想家。

③ 实用主义的根本纲领是把确定信念作为出发点,把采取行动当作主要手段,把获得实际效果当作最高目的。实用主义者英文原文是Pragmatism,实用主义者对行为、行动的解释,关注行动是否能带来某种实际的效果,也就是关注直接的效用、利益,有用即是真理,无用即为谬误。

国社会问题频出,以嬉皮士①、朋克②等为代表的反主流文化③兴起,崇尚暴力和血腥在一定程度上误导了西方青少年的思想和行为。汽车在街道上风驰电掣,旁若无人;黑人、少数族裔妇女、穷人等弱势群体的权利和自由形同虚设,种族歧视与矛盾日益激化;女权主义再次兴起;美国校园暴力事件不断升级。这些均是高举"民主、自由、人权"大旗的美国制度在文化领域的悖论。

美国人将"自我""个性""追求成功"等作为行动准则,并在体育运动中得到表现。同时,水门事件、石油危机、美苏争霸白热化、高利率和失业率等一系列问题使得美国遭遇了空前的信心危机。

(二) 个人理想与国家希望的结合

从 20 世纪 50 年代起,在与欧洲思潮的交锋中,美国经典的实用主义思想再次被激活,詹姆士和杜威的实用主义理论重新被提出。实用主义强调认识必须坚持事实的客观性与具体性,主张根据个别情况的作用来观察和概括真理。他们非常关注人类思想活动的真实背景和过程,关注思想的社会性、历史性和工具性。实用主义哲学家杜威④明确反对利己主义和享乐主义基础上的个人主义。他认为这不符合现代的历史潮流,应倡导和建立一种不以获取个人私利而以服务于社会、不断改造和进步为宗旨的新型个人主义,其基本特点是尊重个人的人格和个性,最大限度地发挥个人的创造性和主动精

---

① 嬉皮士本来被用来描写西方国家 20 世纪 60 年代和 20 世纪 70 年代反抗习俗和当时政治的年轻人。嬉皮士这个名称是通过《旧金山纪事》的记者赫柏·凯恩普及的。嬉皮士用公社式的和流浪的生活方式来表达他们对民族主义和越南战争的反对,他们提倡非传统的宗教文化,批评西方国家中层阶级的价值观。

② 朋克(Punk),又译为庞克,诞生于 20 世纪 70 年代中期,一种源于 20 世纪 60 年代车库摇滚和前朋克摇滚的简单摇滚乐。

③ 反主流文化的主张,早在 18 世纪的西方浪漫主义思想中就有了踪迹,并持续主导了整个 19 世纪。第二次世界大战后,风行于美国的文学流派"垮掉的一代"试图反抗现有的文化秩序,他们反对一切世俗陈规和垄断资本统治,抵制对外侵略和种族隔离,讨厌机器文明。他们寻求绝对的自由,通过毒品和性爱追求另类生活,挑战着传统社会规范,掀起了一波对抗主流价值的文化浪潮。

④ 约翰·杜威(John Dewey,1859—1952 年),美国著名哲学家、教育家、心理学家,实用主义的集大成者,也是机能主义心理学和现代教育学的创始人之一。

神。把个人对快乐和幸福的追求寓于创造快乐和幸福这种道德行为之中,而不是获取创造活动的结果。实用主义哲学比较辩证地处理了爱国主义与个人价值的关系,成为美国精神发扬光大的哲学基础和理论依据。

"美国梦"是美国历史上最能体现美国精神生活方式和美国国民精神的理想。它是对自由、平等、宽容、进取和成功进行不懈追求的理想、主义和信念,是对机会均等、人人能成功的希望和创造奇迹的乐观自信。这种精神强调进步,强调坚定地走向强大,这种精神始于个人也始于国家。美国人历来将历史的发展看成一条上升的直线,而他们始终站在人类发展历史的最前列,由此个人理想与国家希望在此得到统一。

在实用主义理论的指导下,反对种族歧视在美国体育文化中体现得尤为突出。体育已成为社会下层人士通过个人奋斗出人头地、与命运抗争的阶梯,他们的成功再次印证了社会下层人士所创造的梦幻般的美国神话可以实现。"美国梦"的重点不在于结果,而在于不放弃的奋斗精神和对未来充满希望的信念。很多孩子靠着天赋和努力一步步奋斗,最终成功进入 NBA,这是对种族歧视中黑人追求梦想的鼓励,更是对美国黑人社区文化①的一次思考,美国文化中对于种族问题的考量从未停止。

(三) 经济全球化时代下美国的价值追求

人类已经进入以知识和信息为第一战略资源的信息时代,旧工业时代的经济是为集约化社会服务,而当今后工业时代服务于分化精细的社会。冷战时期西方主宰天下,以经济和军事力量为后盾,强行灌输意识形态的策略在当下已被政治格局多元化和全球经济一体化的发展趋势抛弃。当今时代的一个巨大变化就是世界话语权的明显转移。亨廷顿②关于"对国家最重要的

---

① 黑人社区,这是美国黑人现实的家,社区的关爱和互助可以使黑人在美国安身立命,黑人可以在群体中寻找到家庭的温暖。社区作为黑人成长的重要场所,社区有着重要力量,它可以塑造黑人文化、黑人精神、黑人历史。

② 塞缪尔·亨廷顿(1927—2008 年),毕业于耶鲁大学,在芝加哥大学与哈佛大学取得博士学位。以"文明冲突论"闻名于世,认为 21 世纪核心的政治角力是在不同文明之间而非国家之间。

分类不再是冷战中的三个集团,而是世界上的七八个主要文明"①的"文明冲突论"②,引起国际政治的广泛注意,也丰富了美国意识形态对外扩张的选择路径。从生活方式、产品、技术到传播媒介,一切都变得多种多样,这些都导致各国意识形态防御工作面临新的变化。哈贝马斯③认为:"行使内部统治的结构和维护国家政权、抵御外部敌人的结构再次发生变化,是由于新的技术和战略的客观规律性。"④西方发达国家凭借他们在经济、科技上的绝对优势,牢固地掌控着信息传播话语权的先发优势。

以奥林匹克运动会为代表的世界职业体育运动的蓬勃发展,意识形态对外扩张要求的再度隐蔽化,高举人文主义旗帜、展现拼搏进取精神的美国体育以励志、拼搏、进取的模式,尽情宣泄运动激情的同时,也杂糅着意识形态内容的附带输出。在彰显文化审美创新的同时,也发挥着意识形态对外扩张的巨大潜力,这无疑顺应了时代受众和国家机器的双重要求。同时也反射出美国追求人权自由、替天行道、拯救世界的意识光环。美国的核心价值观,美国式的自由民主、爱国主义、英雄主义、生活方式,天赋使命的意识形态,已润物细无声地渗透进普通民众的方方面面。

①　塞缪尔·亨廷顿.文明冲突与世界秩序的重建[M].周琪、刘绯、张立平、王圆译.新华出版社,1996:29-32.

②　"文明冲突论":把世界划分为八个文明板块,预测后冷战时代的国际冲突将在这些文明之间进行,世界将呈现文明间集团对抗的情况。这一由美国政治学家塞缪尔·亨廷顿提出的后冷战时代国际关系理论,影响最大但也饱受批评。

③　尤尔根·哈贝马斯(Jürgen Habermas,1929 年—　),是德国当代最重要的哲学家之一。

④　尤尔根·哈贝马斯.作为"意识形态"的技术与科学[M].郭官义、李黎译.学林出版社,1999

第三节　美国体育中的宗教观

一、宗教的渊源

基督教产生于公元 1 世纪的巴勒斯坦,它是犹太教的一个支派,在与犹太正统派的斗争中分离出来后,摆脱了犹太教的直观和狭隘,从原来的"末世论"转变为"救赎说",它的核心也从犹太教的法律和祭祀转移到信仰和道德。这标志着基督教已经成为一种独立的世界性的宗教。

1 世纪至 5 世纪是基督宗教创立并从以色列传向希腊、罗马文化区域的时期,是基督教发展的早期阶段,是建立基督教基本教义和神学学说的时期。这一时期常被称为基督教发展的第一个阶段。到了 395 年,罗马帝国经过内部的矛盾和外族的入侵后分裂为以意大利的罗马城为中心的西罗马和以君士坦丁堡为首都的东罗马。随着东西罗马的分裂,基督教也开始分裂为罗马天主教和东正教。直至 1453 年东罗马帝国在信仰伊斯兰教的土耳其人的进攻下灭亡,这是基督宗教发展史上的第二个阶段。[①]

宗教改革运动直接的导火线是教宗利奥十世以修建罗马圣彼得大教堂为名,于 1517 年派多明我会修士台彻尔到德国去兜售赎罪券,此事激起民众的极大反感。据传马丁·路德于同年 10 月 31 日在维滕贝格教堂门前张贴反对兜售赎罪券的《九十五条论纲》,揭开了这场宗教改革运动的序幕。马丁·路德提出"唯靠圣经、唯靠恩典、唯靠信仰"的改教口号,为以后的改教者所继承和追随。[②] 改教浪潮波及西欧全境,在教廷势力薄弱的地区引起一场又一场改教运动。瑞士苏黎世发生了茨温利领导的改革运动,在日内瓦以加尔文为首的激进派建立市民阶级共和式的长老制教会,由此产生新教加尔

---

① 张潆鹤. 近代中朝本土化基督教思想之比较[D]. 延边大学,2021.
② 李晓婷. 心灵的忏悔还是金钱的救赎——对《九十五条论纲》第一条的评价[J]. 商,2015(50):102+18.

文派(即归正宗或改革宗)。英国在亨利八世国王推动下实行了自上而下的改革,建立了独立于罗马教廷的英国国教会(圣公会)。瑞典、挪威、芬兰、丹麦等国自上而下进行改革,相继以路德派教会代替天主教为国教。基督教由此开始了在全世界的发展。

回顾基督教大约两千年的发展足迹,其文化渊源不但与当初的希伯来文化①和希腊文化有着直接的传承关系,还吸收了包括古罗马文化在内的其他异教文化。应该说,基督教文化与西方文化发展是同步的。西方文明也从基督教里继承了丰富的遗产,可以说基督教本身的基本演变就是一部文明史。现代基督教不仅是宗教信仰,更是一种文化形态。科学的发展、人类思想的进步也使得人们不断地重塑基督教文明。

基督教先后经历了古罗马帝国和古希腊的苦难史,步履蹒跚地跋涉在中世纪漫长而昏暗的崎岖道路上,见证了专制暴君和教会权势的异化,也经历和忍受了愚昧黑暗的中世纪基督教会的腐败和堕落。从 15 世纪下半叶开始,随着欧洲资本主义经济的勃兴,欧洲大多数国家相继建立了君主专制的政府,以对抗封建割据和教会强权,并由此爆发了 16 世纪基督教世界的宗教改革②运动。几个新教会的出现,围绕如何"恢复真正的基督教信仰"的传统观点和"新教的改革与反叛"展开了激烈的争论。

16 世纪加尔文③领导西欧宗教改革运动后,整个欧洲的传统教会不断分化,新的教派不断涌现,传统意义上的基督教会大一统模式已不复存在。到了 17 世纪,英国的思想家霍布斯④站在王权的立场上提出反对"教权至上论",这些对后来欧洲的启蒙运动产生了巨大的影响。但由于这场清教徒的宗教改革运动并不彻底,不但没能建立起基督教世界的标杆,且随着英国国教地位的不断巩固并与王权相结合,清教徒后来成为王室打击和迫害的

---

① 新洋.千年迷局——浅析希伯来文化[J].鸭绿江(下半月),2019(5):90-93.
② 理查德·胡克,姚啸宇.论宗教改革的政治后果(下)[J].当代比较文学,2021(2):179-203.
③ 何涛.加尔文的最佳政体问题[J].政治思想史,2020,11(2):121-135,199.
④ 许多娇,王文奇.霍布斯鲍姆的民族与民族主义研究:历史变迁、阶层互动与叙事建构[J].新疆大学学报(哲学·人文社会科学版),2021,49(2):72-77.

对象。

17 世纪,大批英国清教徒不得不逃往国外寻找基督教的新世界,而正是这个历史背景,决定了基于清教徒建立随后的美国"立国之本"和美国最主要的意识形态——基督教。

二、基督教在美国的发展

在社会的影响下,基督教先后深刻吸收了柏拉图思想、亚里士多德主义、启蒙运动中的理性元素,也凝聚了浪漫主义及 20 世纪的马克思主义等先进科学文化思潮的精神营养。[①]

几个世纪以来,基督教始终伴随着现代西方思想理性主义、浪漫主义和马克思主义的发展。很多运动的兴起在很多方面向基督教发起了挑战,同时也激发了基督教去更深入地探讨自身价值的内涵。

马克思主义的兴起就推动了基督教去重新审视《旧约》中关于社会方面的教导,并将其应用于现今的社会处境中。这些人类科学智慧和文化道德的结晶,成了浇灌基督教文化的丰富营养。[②] 基督教的文化观念也必然顺应历史脚步的变奏而改变。基督教的文化观念也在继续发生改变。

人类进入当代经济社会后,作为美国主流文化的基督教,其发展呈现出多元化局面,并具有两个重要的特点:一是宗教多元化,二是宗教世俗化。

(一) 宗教多元化

所谓基督教多元化,是指基督教内部兴起的新观点、新教派和新运动。如 19 世纪中期的新教自由派就是其中很重要的一个派别。[③]

19 世纪中期,欧洲民众逐步认识到基督教和神学同样需要用现代知识来构建。在英国,民众越来越接受达尔文的自然选择理论,这使得传统基督

---

① 包大为.从启蒙到解放[M].上海:上海社会科学院出版社,2020.

② 李宛悦.旧约中重复的叙事手法对犹太民族品性之契约观的表述[J].北华大学学报(社会科学版),2016,17(5):128-131.

③ 刘文龙.19 世纪拉美天主教与美国新教——社会阻力与动力的象征[J].拉丁美洲研究,2000(1):39-45.

教神学面临窘况。由此自由派开始致力于弥合基督教信仰和现代知识之间的裂缝。除此之外,浪漫主义、20 世纪的新正统派神学、基要派的崛起都对基督教的发展产生了特别的影响。[①]

(二)宗教世俗化

基督教的"世俗化"是相对于"宗教化"而言。从历史发展来看,美国从建国之初就是一个注重意识形态的国家,首先就表现在宗教信仰对国家的影响上。[②] 美国是一个极端宗教化的国家,基督教在美国的政治生活、社会生活、国民心理上起着主导作用。美国有 90% 的人信仰上帝,其中 80% 为基督徒。基督教占绝对的优势。

美国人从出生起就开始接受各种宗教活动的影响:从洗礼、弥撒、布道、婚丧嫁娶,到美国货币上的"坚信上帝",再到美国总统就职仪式上手按《圣经》向上帝宣誓的做法,都反映了美国人强烈的宗教情结。但随着美国经济的迅猛发展和美国物欲主义的不断膨胀,宗教化的传统内涵也受到资本主义的强烈冲击。[③] 随着资本主义的发展,资产阶级为维护自己的经济、政治利益,寻求发展的政治环境、条件,在意识形态领域、政治领域等展开了积极的斗争和革命。随后经济的发展进一步激起了民众的竞争意识,一方面人们的眼界和思路更加开阔;另一方面经济的发展也加剧了社会上的各种矛盾,同时给社会带来了种种不安的因素。

三、宗教影响下的美国体育文化

在美国,政教分离、信仰自由、追求民主、个人至上和奢侈的物质享受都引发着传统基督教意识的淡化。近年来美国中产阶级富裕的生活消费一直引领着世界工业化国家的消费潮流,美国人崇尚物欲的姿态和基督教的精神

① 胡浩. 开普兰的圣经阐释与犹太教神学[J]. 圣经文学研究,2020(2):110-138.

② 徐瑾,张家亮. 现代西方社会世俗化浪潮的哲学反思[J]. 决策与信息,2020(5):13-20.

③ Stephen K. Vogel,赵晓军. 市场塑造之美国模式——为什么全球"最自由"的市场经济却最受政府管控?[J]. 演化与创新经济学评论,2019(1):54-85.

至上似乎相悖。但对美国人来讲,游离在宗教和世俗之间,刚好反映了美国人在坚持传统宗教意识和追求现代物质需求间的一种平衡。①

美国文化中时常体现宗教思想、宗教倾向与表现现实世俗生活的结合,探讨宗教与现实矛盾关系中挖掘生命的价值和实现自我救赎等内涵。美国体育文化中有诸多宗教信仰和宗教倾向的表现,例如很多美国体育影片常常通过宗教信仰与现实社会发展的碰撞摩擦凸显体育人物的性格特征,通过基督教文明与现实世界的对立、融合加以展示信仰与理性、宗教与科学的关系,探究宗教信仰与现实需求间的联系。

美国以基督教为主的宗教观念的变化,自然而然地反映在美国的体育人文中,体育文化常与一定的宗教背景、宗教信仰和宗教活动联系在一起。宗教信仰成为许多运动员刻苦拼搏、脱颖而出、获得成功的强大动力。在美国文化中,体育人士因其坚定的宗教信仰而取得成功的励志题材俯拾即是。②

随着美国经济的蓬勃发展和人们对物欲追求的不断增长,宗教的世俗化在美国体育文化中越发展现得淋漓尽致,即使这样,宗教世俗化的具体内涵和表现形态也随着时代变化而发生着演变。20世纪60年代,美国体育内涵、体育精神中渗透着基督教信仰的传统方式,人们常常称赞关注那些通过个人奋斗完美诠释基督精神的体育明星。20世纪六七十年代,实用主义在美国被重新激活,反对利己主义和享乐主义在文化生活中得到积极宣扬。为了使美国人重拾信心,正确处理宗教信仰、爱国主义与个人价值的关系,大力提倡宗教精神,建立和倡导不以获取个人利益而是服务社会的新型个人主义,成为美国精神和文化发扬光大的支撑。

20世纪80年代,进入后工业时代,美国早期实行的以经济和军事力量为后盾,强行灌注其意识形态的做法被政治格局多元化和全球经济一体化抛弃。美国意识形态对外扩张尝试变换新的路径。从生活方式、产品技术乃至传播媒介,一切都发生着翻天覆地的改变。美国宗教观念的传播形态和传播

① 胡惕,殷恒婵,张建华,王永顺.论美国大学竞技体育的价值[J].比较教育研究,2016,38(7):106-112.

② 胡惕,殷恒婵,张建华,王永顺.论美国大学竞技体育的价值[J].比较教育研究,2016,38(7):106-112.

策略也随着社会形势变化表现出新的时代特征。①

　　美国在回归现实生活、满足大众物欲需求的同时,为满足国家意识形态在对外扩张、文化输出上的需要实施了隐蔽化的策略。价值理念的树立方面,推崇个性化和人性化;在审美层次追求上,强调娱乐化和视觉化。美国以多种手段输出其生活方式、价值观念和思维方式。他们高举人文主义旗帜、展现拼搏进取的体育精神。在体育运动的激情中巧妙地裹挟着意识形态。这种模式的输出既符合时代需求,具备文化创新的意义,又具备了基督教信仰和美国精神等意识形态的对外扩张。美国式的核心价值观,基督教式的自由民主,美国式的爱国主义、英雄主义,美国式的生活方式已经随着美国文化的推广渗透至世界的多个角落。马克·伯斯坦(Mark F. Bernstein)在著作《橄榄球:美国偏执的常青藤联盟起源》中详细叙述了橄榄球如何从殖民时期的血腥运动发展为当代美国受众最广的体育运动。以哈佛耶鲁为代表的常青藤高校在橄榄球的早期发展中起到重要作用,其时因死亡事件的增加,废除橄榄球赛事的呼声渐长。以总统罗斯福为代表的精英政客坚持不废除。约翰·亚当斯之子查尔斯·亚当斯称,橄榄球能够培养男孩的那些品性,保证盎格鲁−萨克逊人种在历史中的优越性。②

　　可见美国大学的体育教育,至少在立国早期有极强的种族意识和政治色彩。它继承英国传统,着眼于体育训练,培养青年的坚毅品格、忍耐精神与团队协作能力——以此保持和加强种族在世界范围内的领导地位。

　　全球一体化和社会日益法制化、民主化,推动了宗教思想的深刻变化,如一些宗教团体和宗教学家已对人性善恶进行冷静的思考,试图用对神圣力量的虔诚消除人类的狂妄和贪婪,反省生命的终极价值,把宗教提升到了一种人类发展和服务人类的境界。这对于修复现代消费社会在金钱和物欲刺激下破碎的道德信念具有重要作用。面对社会出现的许多共同危机与灾难,许多宗教群体与其他宗教组织和社会组织进行合作,从事经济活动、教育活动

　　①　杨文萍.浅谈宗教观念的变化对十七世纪弗吉尼亚体育的影响[J].体育文史,1992(5):60−61.
　　②　李波.美国体育文化中男性形象分析[J].现代企业教育,2012(21):266.

得的同时,也从事大量的社会福利和慈善活动。这已成为宗教影响社会的不可忽视的方面。

尽管这些变化对社会有积极作用,但并不能根除宗教消极方面的影响,也不能改变其负面性,宗教仍是一把"双刃剑"。西方包括基督教在内的各种宗教哲学始终建立在唯心主义的"有神论"之上。一些国家利用宗教问题干预他国事务,成为当今国际政治斗争的一种新动向,也为某些国家和组织干涉他国内政提供了借口,宗教的参与又使得一些国际事务、地区冲突和种族冲突等问题变得错综复杂。

宗教问题的特殊复杂性更加说明了要了解当今世界必须了解宗教,对宗教问题在当今世界政治社会生活中的影响不可轻视。我们必须站在理性的视角看待宗教对社会、生活和文化发展的作用及影响,吸纳优秀文化为我所用,为提升中国的软实力而积聚能量。

第四节　美国体育中的道德观

美国是一个信奉上帝的国度,宗教在很大程度上成为美国人的精神支柱,几乎每个美国人都有宗教情结。在基督教渊源已久与"美国梦"的浸染下,美国人的道德观演发生怎样的转变,也是我们力求探究的内容。

一、道德之源

"原罪"是美国基督教的核心观念和对人之本性的基本认知。基督教认为人从出生就具有邪恶的一面,认为人性本恶。这种理论源自《圣经》中关于人类祖先"亚当、夏娃偷吃禁果犯的罪",由此形成基督教的原罪观,而后发展成为西方文化主流中的"罪感文化"[①]。

---

① 罪感文化,就是提倡建立道德的绝对标准,并且依靠其发展人的良心的社会可以定义为罪感文化。从这个定义上来理解,就是在"罪感文化"社会中,人如果违背了那个"绝对的道德标准"就会感到是有罪的。

天主教教义给"罪"的定义是：罪是对理性、真理和良心的冒犯，是对上帝的忤逆和反叛。对特定物质的放纵追求导致对上帝之爱的缺失，它伤害了人的本性。天主教中七种原罪：傲慢、贪婪、贪食、懒惰、淫欲、妒忌、暴怒屡次出现在《圣经》中。这些在美国电影《七宗罪》中也有所显现。何辉斌先生认为："基督教的罪不仅仅是一般意义上的干坏事，更主要是指这样的行为以自由意志为动因，以骄傲为重要特点，以关系破裂为标志。"①自由意志使人难以控制住自己的情欲，使人可能借助"理性"的利刃否定一切价值体系。

美国的一些体育电影也诠释了这样的道德观念，许多出类拔萃的运动员的成长都经历过原罪的洗礼。例如，影片《冠军》，以低沉的风格把一位拳击冠军的原罪本性、自我缔造和自我毁灭交织融合在一起，生动而深刻地展示了影片的主题，即人类自强不息的精神与人性本恶的复杂矛盾斗争。

二、道德尺度

按照中西方价值取向的差异，中西文化大体概括为伦理型文化②与利型文化③。在漫长的社会发展进程中，尽管西方社会的道德观念和价值观念复杂多样，但其共同的核心是：以个人为本位，追求的价值目标是个人权益的实现，并且认为个人权益是与生俱来、神圣不可侵犯的，趋利避害是个体的本能，急功近利是生存的目的。在追求个人的权利和利益的过程中可以不择手段、不负任何道德责任。这种功利主义始终在西方社会中占据主流地位，起着主导作用。毫无疑问，这种功利主义对于资本主义的腐朽起着加速的作用。

马克思曾说："资本来到世间，每个毛孔都在滴血。"④这种重利的道德价

---

① 何辉斌.基督教的罪及其在悲剧中的表现[J].四川外语学院学报,2006(5):9-12,46.

② 伦理型文化就是习惯从伦理出发，从规则出发，能够意识到自己在社会中所处的位置，并自觉地按照社会和他人的要求做好自己的本分工作。

③ 文化可以成为负载利润的生产资料，也可以从或宏观、或微观的维度对趋利的商业实践产生影响。

④ 马克思.资本论[M].人民出版社,2016(12):871-873.

值取向在一定程度上调动着个体追求物质利益的积极性,从而推动了西方社会经济与科学的发展。但对"利益"的过分追逐又容易导致西方社会为追逐物质利益而损人利己、唯利是图,导致人与人之间的异化变质,最终成为赤裸裸的金钱物质关系。

在西方历史上,私有财产神圣不可侵犯成了亘古不变的信条。最大限度地谋求自身的利益成为目的,在这种观念的驱动下,科学与技术在西方受到重视,理性主义、科学主义在西方非常盛行。求新、创新、功利的人格精神、道德取向、科学观念等深入人心,成为人格的重要组成因素。这也导致西方社会重理性而轻情感,善于逻辑思维而疏于直观感受。

基督教把"个人自由"的概念带进了人类历史的舞台,美国早期的开拓者在成功地创造新大陆的同时也建构了充满生机的美国文化,而美国文化的核心即体现了以个人至上主义为价值核心的美国精神。这是美国人的核心价值观。美国人的骨子里树立着牢固的道德观念:人们必须维护个人的自由和利益,加强自我支配、自我控制的能力。坚持把握住自己的个人主义,也要尊重他人的个人主义。

在美国,早期的清教徒常把劳动神圣化,视劳动为上帝赐给基督徒的神圣使命;把职业神圣化,将事业的成功视为上帝的恩赐;把财富正当化,视其为对勤俭报酬的赏赐,视为上帝的祝福。这些劳动观和财富观使得美国人没有把财富看成剥削和掠夺的结果,没有把一个阶层的贫穷看成是另一个阶层富裕的缘由,没有认为这是暴力和掠夺得到的财富。相反,清教徒把贪婪、掠夺视为受到诅咒的行为。所以美国人热切追求的道德价值是通过独立勤奋和艰苦拼搏获得出人头地、进入上层社会,彰显与众不同的能力。

美国体育文化中也一直推崇个人至上、勇于抗争的精神,他们将努力作为而获得的成功视为人类勇往直前的加速器,其中创造出无数通过与命运抗争实现"美国梦"的传说,通过竞争取胜、成为英雄几乎是"美国梦"的核心内涵。

三、道德的利器

战后长期的经济繁荣为美国带来了巨大的物质财富,但随着商品经济的发展,追求金钱物欲的个人主义恶性膨胀,美国社会道德趋向发生了巨大偏离。20世纪六七十年代美国社会问题频出:反主流文化沉渣兴起,暴力色情俯拾即是,校园暴力事件频发,弱势群体权利被恣意侵犯,种族矛盾日益激化……

随着欧洲理性主义指导下的伦理和道德为准绳的资本主义精神在全世界的传播,人们开始把道德、人格和声誉、地位紧密联系在一起。在美国,实用主义哲学家杜威的实用主义理论①重新被视为挽救社会的"灵丹妙药"。杜威非常反感违反现代历史潮流的利己主义和享乐主义的道德观,他认为应建立和倡导一种不以获取个人私利而以服务社会的不断改造和进步为宗旨的个人主义。其特点在于尊重每个人的人格和个性,最大限度地发挥个人的创造性和主动精神。将个人对快乐和幸福的追求寓于创造快乐和幸福的行动中,而不是简单地获取创造活动的结果。实用主义试图在处理爱国主义、社会道德与个人价值的关系上寻求出路,因而逐步发展为美国精神发扬光大的理论依据。

四、道德与民族主义、个人主义的交织

20世纪六七十年代在世界范围掀起了"意识形态批评"②的浪潮,美国开始在全国范围内重拾信心。士气鼓舞的同时,体育精神也在其中得以弘扬,这种精神体现了民族主义、社会道德与个人主义的紧密融合。

美国文化中的体育元素,最直观地体现在传播领域的文化输出中,例如,体育题材的电影很多源于对民族主义、社会道德与个人主义交织的"美国

---

① 杜威从实用主义的哲学观出发进行论述,认为从人类经验的传递和延续来看,教育是社会继续存在的条件;从人类经验的交流来看,教育是社会共同生活的基础,只有使教育和社会生活实践联系起来,教育才能发挥应有的作用。他还指出,人适应环境的活动不同于动物消极被动地适应自然,因为人有情感、意志和智慧,他按照自己的意志利用环境,使环境发生有利于人的变化,以满足自己的需要。

② 意识形态批评是兴起于西方,主要由西方马克思主义者和左翼知识分子提出并运用的一种理论或方法,它是批判西方资本主义社会统治意识形态的武器,并期望以此实现对文化霸权的争夺。

梦"的渲染。电影《洛奇》①就是其中的典型代表,体现了一无所有的普通人在奋斗中实现人生价值的"美国梦"。主人公洛奇成为美国精神、美国英雄的代表,这种精神代表了进步,代表了个人为国家而不断突破自我的勇气和决心,这是个人理想与国家希望的完美统一,是民族主义与个人主义的紧密融合。

美国崇尚个人至上主义,强调个人的自由和权利不容侵犯,而近代民主主义思想主要起源于清教。追溯到殖民时期,在美国的清教徒是移民主体,清教主义作为一种宗教理念,从殖民时期就扮演了政治理论的角色。清教主义中蕴含的个人主义、理性原则、自治精神为美国自由和民主政治提供了精神性的因素。

在清教主义中,民主主义有着充分的宗教依据和神学依据。例如,加尔文的反权威主义②、个人主义③、上帝掌管万物论④等,依据这些宗教和神学见解,民主被认为是来自上帝的权利,有绝对的权威,不容置疑。从这些宗教思想中便发展出了新教民主主义⑤,这也成为后来的民主主义的源头,所以说美国清教主义滋生出了美国人普遍的亲民主义倾向。具体表现为爱自己的同时不贪婪、不独裁,而是推崇民主,讲仁慈、爱集体、爱弱者。在实用主义理论的指导下,反对种族歧视和同情弱者也成为美国体育文化宣传的主题

---

① 《洛奇》于1976年12月3日在美国上映。影片讲述了一个寂寂无名的拳手洛奇获得与重量级拳王阿波罗争夺拳王的故事,并获得了1976年奥斯卡最佳影片等奖项。

② 反权威主义,或译为反独裁主义,是指"反对一切独裁主义"的意识形态。反权威主义者不满足于反对政治权威、反对国家。

③ 个人主义是一种道德的、政治的和社会的哲学,认为个人利益应是决定行为的最主要因素,强调个人的自由和个人权利的重要性,以及自我独立的美德、个人独立、个人价值。

④ 上帝掌管万物论,是指对上帝的绝对信服,必须相信上帝是万物的创造者和维系者,一切都来自上帝。上帝是全然绝对、独一无二、贯穿所有的。一切受造物都臣服在上帝的权柄之下,上帝掌管一切存在物,这乃是上帝的主权。

⑤ 主要观点包括:强调人权和个人的进取性;排斥政教分离,并强调个人是社会共同体的一部分;保守的价值观念(如婚姻、离婚、堕胎等议题),对于社会进化发展的观点强调法律和秩序,并排斥共产主义。对于改变(如社会的结构)持开放态度,并不一定支持社会的现状;强调社会的团结(如福利国家政策、缓和贫穷、征收高税赋以支撑福利制度等等)并乐于抑制自由市场的力量;社会团结是代表着每一个人,而不是社会上特定的区块(如劳工阶级),而且和革命社会主义不同的是,排斥以暴力为改变社会的方式。

之一。

实用主义是一种以行为的实际效用为善恶标准,把道德看作应付环境的工具的道德理论。实用主义者反对感情主义把伦理学与自然科学对立起来、把价值与事实割裂开来的观点,提出要建立科学的伦理学。

他们在经验的概念下把价值与事实、心与物、主观与客观完全统一起来,指出道德同样具有经验的性质,善、恶都是人类经验之事。实用主义还把观念、概念、理论等在认识论上的真假与它们在道德上的善恶联系起来。詹姆斯明确提出了"真理即是善"的命题,指出只要一个观念对人的生活有益,它就是真的,而且只要它是有益的,它就是善的。真理、道德都不反映现实生活的事实和规律,而是人根据自己的愿望、志向、信仰的发明和创造。道德和真理一样,只具有实用的意义,只是人应付环境的工具。

第五节　美国体育文化审美观

美是人们生活中是不可或缺的需求,是人类特有的天性。人需要美正如需要实物一样,美能够使人变得更加健康快乐。"从美学的角度来看,人类是按照美的规律进行物质生产和精神生产的,审美是人类精神文化生产的一个重要组成部分。"①人类文明发展的历史也是一部不断追求精神美和创造物质美的历史。

体育作为人类文明的衍生品,同样是人类审美活动的产物。对不同国家和民族的体育发展观演变过程进行客观的分析,有助于我们一定程度上理解各个国家和民族在创造精神和文化过程中的审美发展。

对西方文化体育元素进行分析认知,才能找到体育文化审美化中的国民审美观与政治、文化、经济的深层关系,找出其中的规律。② 只有进一步了解异域文化中的审美观,我们才能站在时代的角度,科学地解读自己的文化。

---

① 肖沛雄.节目主持人语言传播艺术[M].广州:暨南大学出版社,2009:230.
② 张文雯,金衡山.美国体育文化中的政治内涵[J].世界文化,2020(6):58-61.

美国有独特的政治背景和文化背景,因移民人口占主体,美国对外宣称是包容各种文化且信仰多元、文明开放的国度,更是一个崇尚"强健"的国家。美国的广大民众对于"强健"的喜爱充斥于文化、体育、电影等各个环节。健美运动的悄然兴起可追溯到19世纪80年代。1904年,美国纽约的麦迪逊广场举行了首届大规模的健美比赛。美国人希望通过健美比赛观赏到"希腊式审美"。希腊式审美始于早期的欧洲,是指一个完美的体格应从数学上符合古希腊及古罗马人体的尺寸比例。通过健美比赛,人民探究生命的价值、生命的意义以及和谐之美。

一、20世纪二三十年代

美国的审美观多在电影、健身、健美中显现,在文化手法方面体现最为突出的便是体育电影。20世纪20年代,美国电影业的垄断决定了美国电影的制作和风格引领操纵着全球观众的艺术品味与审美价值。在产业链条中电影人为盈利而极力满足广大受众的审美,并且凭借历史形成的传统文学模式,迎合广大观众对文学艺术的预期。[1] 很多电影的题材来源于大众所关注的各种典型事例,往往反映了社会的主流价值与大众的集体愿望,社会价值观往往是审美价值的浓缩。

20年代至30年代,制片人在保证影片获利的前提下,拍摄了大量体育题材的电影。这一时期,体育文化中的审美标准表现出对英雄情结和精神励志的体现。电影情节中常出现主人公出身卑微但富有体育天赋,虽沾染了不良习气但关键时刻凭借自己的勤奋拼搏和自我救赎重获胜利,最终创造了奇迹,成为万人景仰的英雄。[2] 广大民众正是在这种神话的缔造中获得了巨大的审美享受。这种体育传奇人物题材带来的审美享受和文化熏陶一直感染着美国民众。此类审美文化中体现着人类对生命的理解,对价值观、道德观的理解,也是对时代变迁中人性道德的诠释。

---

① 郭佩佩. 中美体育电影的比较研究[J]. 芒种,2015(13):165-166.

② 刘佳. 美国体育电影的主题叙事[J]. 电影文学,2014(24):26-27.

二、第二次世界大战后

第二次世界大战后,美国社会面临着政治形势恶劣、电视文化迅猛发展以及欧洲新思潮的多重影响,文化随之有所改变。

历史的发展也孕育着文化的萌芽,随着战后经济的复苏和科学技术的发展,美国社会进入一个后现代阶段。[①] 社会的思想和文化更趋于自由,多元的思想文化格局逐步形成,大众文化与精英文化对立的场景逐渐弱化。一些新哲学、美学与文化艺术相继产生,如存在主义和后现代主义等。[②]

代表美国年轻阶层的“新左派”在审美体系上遵循几个主体的价值取向,即生活中的自我解放,无所羁绊的自由权利,个人情感的绝对真诚等。他们推崇理想主义和坚强自信的拼搏,反对沿袭固有秩序和对道貌岸然的维护,也反对冷酷无情的主流文化等。[③]

在这一时期,美国体育文化中体现了从传统经典向个性化艺术发展的审美变化。美国体育文化的代表——体育电影也体现出了这一特征,影片中人们敢于挑战“传统”的游戏法则,追求人性解放,追求生命价值,突破人性尊严等意识形态。

这种变化也带来了文学作品的改变,从社会主题的经典叙事向自我意识的形式主义转变;文学叙事中注重了社会文化功能的提升,转向了更高层次的美学。此时很多体育题材的叙事报道就充分利用现代科学技术手段,把体育场景中的特技画面、特效处理加以结合,借助电脑加以合成,表现出比赛现场的波澜壮阔,这些都成为文化宝库中的代表性符号,为当代审美的改变提供了契机。[④]

20 世纪 60 年代,美国人不分男女,几乎都陷入了健身的狂热中。美国受国际移民文化的影响,热衷于强悍的牛仔风格和健美文化。很多美国人将

---

① 金衡山,廖炜春,孙超,等.美国大众文化[M].南京:东南大学出版社,2011.

② 张国清.现代性、现代主义与后现代主义[J].浙江大学学报(社会科学版),1997(4):11-22.

③ 王炳权.新左派的表现、趋势及应对[J].人民论坛,2019(2):21-23.

④ 蔡激浪.美国青春电影的成长叙事[J].电影文学,2017(12):43-45.

行肌肉健美训练看作生活的一部分,是一种积极的生活方式和生活态度。经常做运动,保持身材的健美,被认为是自信、自重、自爱的表现,更代表了自己拥有某种令人称羡的生活方式和生活态度。"身体文化"的审美在运动中得到了释放。

三、20 世纪 90 年代至 21 世纪

进入 20 世纪 90 年代,全球化和高科技的发展已成为时代大潮。美国在经济、科技和传播技术上遥遥领先的同时,在文化方面也起到引领作用,其中也体现在体育方面。[1]

美国体育文化审美观的变化,主要体现在对世界渗透的逐步加深,并呈现出以下两方面的特点。

(一) 人才、题材、市场的全球化

世界各国越来越重视本土资源的保护和开发,美国开始运用本土以外的文化元素提高自身的实力,加强在资金、人员、题材、风格类型上的国际化合作。特别是体育电影中日益加强对他国题材的选用,自从 20 世纪 70 年代李小龙刀剑为主的武侠电影的引入,以拳脚为主的功夫片随即引起了美国的兴趣和重视。到了 20 世纪 90 年代,功夫片已经成为美国民众非常喜欢的电影题材。功夫片在美国如此受欢迎,与美国人在发展过程中形成的崇尚独立自主、倡导冒险拼搏、追求美感刺激的民族性格息息相关。同时这一时期美国文化中"暴力+性爱"的审美文化开始体现,美国崇尚强权,推崇暴力,巧取豪夺的殖民地历史和强权霸权的政治内涵、国际形象,都在这一时期的文学作品中井喷式爆发。[2] 加之现代科技的助力,具备了更强的刺激性和审美性,也从一定层面提升了民众的审美水平。

---

① 美国体育[J].体育科技文献通报,2004(4):27.

② 杜文捷.当代美国体育产业现状与发展趋势研究[D].华中师范大学,2009.

(二) 价值理念的人性化

美国体育文化中在内容上注重多角度、多层面的深刻挖掘。探求民族英雄主义和追求生命价值的理念得到宣扬。对于运动员人格道德的双重性拷问及对女性社会地位和生命价值的思考与探究也成为这一时期的焦点。2004 年美国华纳兄弟公司出品的体育电影《百万美元宝贝》就是其中的代表,影片讲述了女主人公玛吉·菲茨杰拉德义无反顾地坚持着自己的信念,追求生存价值与生命意义的心路历程,向人们展示了"对生命过程的追求意义远远大于追求结果"的价值追求。随着商业、娱乐、科技多重的紧密结合,当今世界歌舞升平的大众文化不断被灌输文化消费的概念,资本主义大工业每天都在批量制造着各种以娱乐为诱饵,以现代科技包装为支撑的商业产业链。[①]

21 世纪技术传播时代已真正到来,人们越来越偏离对艺术的完美追求,而陷入技术追求的非人本时代,技术观念的更迭伴随着对艺术本身的冷落。现代娱乐中的"美"被忽视,电影、电视传媒中的收视率,票房和明星成为审美衡量的标杆。[②] 收视率的高低、票房的多寡以及明星的参与成为大众审美的标准和衡量好坏的标杆。特别是众多娱乐内容凭借高投入、高科技、高回报攫取了广大观众的注意力,同时也妖魔化了现代技术的地位。娱乐创作将科学幻想、技术创新等统统融入艺术,美国文化把商业、艺术与娱乐的多维结合推向极致,蔓延到全球各个领域。这无疑增强了美国在世界娱乐领域、文化市场的竞争力和话语权,为美国在世界范围的传播提供了平台,也为美国成为世界霸主创造了机会。

---

① 李佳莹.论美国个人主义的消极影响[D].四川外国语大学,2015.
② 赵轩.全球化时代美国文化输出战略研究[D].吉林大学,2014.

第六节　美国体育精神的内涵与发展

经过发展与积淀，美国的历史、体育、文化、思想、价值观所体现出的内在价值，引发我们深思。伴随思想文化的积淀与发展，体育人文精神、不同价值文化所折射出的文化烙印也有所显现。

一、"美国梦"的内涵

当今美国文化中，美国价值观集中体现在个性自由、个人至上、实用主义、金钱至上和进取拼搏中，致使美国青年人 18 岁后便开始追名逐利，实现出人头地的"美国梦"，这也体现了美国国民的生活方式和精神理想。美国体育文化中弘扬此种精神的题材内容比比皆是，许多体育电影中的大获成功即是宣扬了这种理念和思想。许多励志电影及引人入胜的故事情节让观众真切感受到实现梦寐以求的"美国梦"是那么的真实；只要付出决心、勇气和毅力，"美国梦"便唾手可得。例如，在美国电影《棒球新秀》①，主人公是 30 多岁的老球员吉姆，他对"美国梦"矢志不渝的追求和最终的成功就是"美国梦"最好的诠释。美国民众越发对"美国梦"坚信不疑，"只要肯努力，人人都可能成功"。

随着时代的变迁，风光无限的"美国梦"背后所隐含的辛酸和血泪也为民众所感知，特别是对于生活在美国下层社会苦难与绝望中的黑人来说，"美国梦"意味着什么、又有多大实现的可能，这些深刻的主题引发了广大民众对美国复杂的社会体制和种族问题的深刻思考。

二、个人英雄主义

与中国传统儒家思想不同，美国人崇尚的是个人主义。中国传统思想强

---

① 《棒球新秀》又名《心灵投手》，是由约翰·李·汉考克执导，迈克·瑞奇、丹尼斯·奎德参加演出的剧情片，于 2002 年上映。

调以维护社会安定、群体和谐为宗旨,群体利益、群体荣誉相较个体利益、个人名声更为珍贵。在中国,集体英雄主义是中国人的精神指引。尤其是新中国的成立和社会主义制度的确立,让中华民族以更加自信和豪迈的热忱踏上了集体富裕的征程,集体主义价值观深入人心。

而在崇尚个人自由、个人至上、个人奋斗、个人利益的美国,人们都希望在公平竞争中出类拔萃,以实现自己的"美国梦",追求个人英雄主义的满足感。但很多运动员在如愿以偿取得胜利时会迷失自我。运动员在残酷的竞技中付出了如此沉重的代价,真正获得冠军的人是凤毛麟角。而"美国梦"的真正含义是什么? 就算是获得冠军的运动员也会有怅然若失和迷失自我。人生的终极价值和目标又是什么? 这是在美国等许多国家推崇个人英雄主义的同时出现的一种"冠军综合征"。

三、集体教育下的自我救赎和人性回归

通过锻炼对人性进行教育和改造,这些在体育运动中尤为明显,也成为体育精神的重要元素。但在体育精神的传播上中国和美国有着截然不同的理解和导向。

中国先贤朱熹曾指出培养人的方法"须是格物、致知、诚意、正心、修身而推之以齐家、治国,可以平天下"①。这种传统的思想文化教育经过多年演化便形成了我们今天的爱国主义和集体主义的世界观、人生观。

在美国,基督教讲求原罪,所以每个人都需要向神忏悔、赎罪和进行自我救赎。所以体育精神中还宣扬通过磨炼使人改邪归正、回归自我、回归人性,通过艰难困苦进行救赎是美国体育的灵魂。

运动员人格道德的双重性和人性的弱点,会在生活中和赛场上得以显现,从"性本恶"的道德观出发,展示了"美国梦"背后鲜为人知的阴暗。

美国作为一个有着二百余年移民发展史的国家,以推崇竞争与个人奋斗为文化价值观,自由、竞争、创新等为美国体育运动的发展确立了精神基石。

---

① 朱熹在他所著的《大学章句》中,把"明明德""亲民""止于至善"称为"大学之纲领",把"格物""致知""诚意""正心""修身""齐家""治国""平天下"称为"大学之条目"。

而美国体育在意识形态方面也形成了与经济自由市场相匹配的态度与信仰，这些为资本主义的发展作出了重要贡献。在美国的发展史中，由于历史因素、发展环境等影响，美国体育在融合中发展并逐渐形成自己的体育特征以及文化传统，如今体育已经逐渐渗入每个美国人的心中，这离不开体育文化价值的渗透与浸润。本书通过对美国体育文化相关内容的研究与梳理力求为我国体育事业的发展提供借鉴和参考。

美国体育大事记

1. 1864 年,首次抽奖赛马活动在纽约举行。

2. 1868 年,纽约体育俱乐部举办首次室内体育比赛。

3. 1869 年,首次国际大学生橄榄球赛(International College football match)在新泽西州的布伦斯维克举行。

4. 1876 年,首次美国大学生田径比赛(American college track and field competition)在纽约的萨拉托加举行。

5. 1881 年,首届全美网球锦标赛(National Tennis Championships)在罗得西亚岛的新港举行。

6. 海军-陆军橄榄球赛(Navy army football match)。1890 年,当时海军向刚刚成立的陆军球队发起了挑战。海军以 24-0 赢下了第一场比赛,在历史战绩上也以 53 胜、49 负以及 7 次平局稍稍领先,他们之间的比赛也成为每年的惯例。

7. 1891 年,首次篮球比赛在马萨诸塞州举行。

8. 美国高尔夫球协会成立于 1894 年,它的英文全称为"United States Golf Association",常常缩写成"USGA",是美国和墨西哥高尔夫运动的管理机构,也是一个由高尔夫球员管理并为高尔夫球员服务的非营利性组织。

9. 宾州接力赛(Penn Relays)从 1895 年正式开始举办,但是关于比赛的构想从那之前两年就已经形成。宾夕法尼亚大学在此之前也举办过校内的接力赛,但是在 1983 年,宾夕法尼亚大学大决定邀请普林斯顿大学进入他们 1 英里的比赛之中。很快这项赛事又扩张到了 4 所高中和 4 所大学以及 9 个接力项目。现在这项赛事仅仅男子组就有接近 30 场不同的比赛。

10. 波士顿马拉松(Boston Marathon)。作为世界上最古老的每年一届的马拉松赛事,波士顿马拉松起源于 1896 年奥林匹克运动会上第一次引进的现代马拉松比赛,世界上很难再找到一个和波士顿马拉松有着相同传统渊源的跑步赛事。

11. 肯塔基赛马(Kentucky Derby)。关于 19 世纪的美国故事,说的是让美国能够继续向西扩张可能是因为一个男人和他的马。肯塔基赛马就是为了纪念这样一个故事,当然还加入了美国富人将自己大笔的钱花在他们无关紧要的爱好之上。

12. 玫瑰碗("The Granddaddy of Them All",所有赛事的祖父),诞生于 1902 年,并从 1916 年开始变成每年一届的固定赛事。在 1916 年,这个比赛重新回归,并且从 1947 年开始,Big Ten 和 Pac-12 两个赛区的冠军就开始相约玫瑰碗。现在玫瑰碗也是现存运营时间最长的碗赛,并且在 1998 年加入了 BCS 系统之后依然大部分传统得以保留下来。

13. 美国职业棒球大联盟(Major League Baseball,简称 MLB),是北美地区最高水平的职业棒球联赛。1903 年由国家联盟和美国联盟共同成立,是美国四大职业体育联盟之一。赛季日程为每年的 4 月到 10 月,每年秋天棒球赛季结束后,全国联盟与美国联盟的胜出队伍举行世界大赛冠军决赛。

14. 1904 年 7 月 2 日在美国圣路易斯举办第三届奥运会,赛期延续了四个多月,是奥运史上又一次"马拉松奥运会",也是奥运会第一次来到美国。由于外国选手总共还不到 100 人,以致某些项目的比赛,如拳击、自由式摔跤、射箭、网球、水球等参赛的几乎清一色是美国人,无怪乎人们把这届奥运会称为美国运动会。

15. 北美职业冰球联盟(NHL),成立于 1917 年,是一个由北美冰上曲棍球队伍组成的职业运动联盟,是全世界最高层级的职业冰球比赛,为北美四大职业运动之一。队伍分成东、西两个大区,每个大区各分为两个分区。

16. 1932 年 7 月 30 日在美国的洛杉矶举行第 10 届夏季奥林匹克运动会。本届运动会共打破 16 项世界纪录,平两项世界纪录,改写 33 项奥运纪录。并目睹了自动秒表的介入和终点拍照的应用。那年开始出现了奥林匹克圣歌,开始在颁奖仪式上为胜利者升国旗、放国歌。

17. 疯狂三月(March Madness),通称的 NCAA 锦标赛,即美国大学体育总会(NCAA)一级联赛男篮锦标赛,成立于 1939 年,是美国最大的全国性体育赛事之一。因为 NCAA 锦标赛的大部分比赛在 3 月进行,俗称疯狂三月(March Madness)。NCAA 锦标赛在每年的 3 月至 4 月举行,实行单场淘汰制,2011 年起参赛球队扩充至 68 支。

18. 美国职业篮球联赛,于 1946 年 6 月 6 日在纽约成立,是由北美 30 支队伍组成的男子职业篮球联盟,美国四大职业体育联盟之一。该联赛汇集了全世最顶级的球员,是世界上水平最高的篮球赛事。联盟成立之初只有 11 支球队,其中有 3 支球队一直延续至今。

19. 美国纳斯卡车赛(NASCAR)于 1948 年 2 月 15 日正式成立。这是一项在美国流行的汽车赛事。每年有超过 1.5 亿人次现场观众观看比赛,电视收视率更是远远超过棒球、篮球和橄榄球等体育运动,因此有人称它为美国人的"F1"比赛。

20. 美国橄榄球联盟,于 1960 年成立。随着 NFL 的不断壮大,其商业化模式不断成熟,"超级碗"就是典型的例子——多年来包揽全美收视率最高,并逐渐成为美国一个非官方的全国性节日。职业橄榄球在 20 世纪 60 年代中期成长快速,在某些调查中超越棒球成为美国最喜欢观赏的运动。

21. 美国网球公开赛(U. S. Open)是每年度第四项也是最后一项网球大满贯赛事,通常每年 8 月底至 9 月初在美国纽约举行,赛事共分为男子单打、女子单打、男子双打、女子双打和男女混合双打五项。也有青少年组的比赛。自 1978 年开始赛事在纽约 USTA 国家网球中心举行。

22. 有史以来最伟大的拳击手是美国人穆罕默德·阿里,他是这项运动史上最伟大的战士。阿里很有天赋,这让他成为拳击界第一位真正的超级巨星。他的主要竞争对手乔弗雷泽也是美国人。20 世纪 80 年代中量级部门的 4 名骑士中有 3 名是美国人:Sugar Ray Leonard, Marvin Hagler 和 Thomas Hearns。

23.1981 年在美国加利福尼亚州圣克拉拉举行首次世界运动会,这是一个国际性的体育竞赛盛会,于 1981 年首次举办,每四年举行一次,竞赛项目以非奥运会项目为主,由国际世界运动会协会(International World Games Association,简称 IWGA)举办,于每届奥运一年后举行。

24.1984 年美国洛杉矶承办第 23 届夏季奥林匹克运动会。大会于洛杉矶的黄金季度 7 月 28 日—8 月 12 日举行。当时国际奥委会成员有 159 个,参赛的共 140 个国家和地区,远远超过了以往规模。抵制和因故未参加的国家和地区有 19 个。

25.1990 年 7 月 20 日至 8 月 5 日在美国华盛顿州的西雅图市举行第二届友好运动会。该届运动会进行了田径、棒球、篮球、拳击、自行车、游泳、花样滑冰等 21 个项目(186 个小项)的比赛,共有来自 54 个国家和地区的 2312 名运动员参与角逐,创造了 2 项世界纪录。

26.终极格斗冠军赛(Ultimate Fighting Championship,UFC),是世界上顶级和规模最庞大的职业综合格斗赛事,每年举办超过 20 期。UFC 在 1993 年首办于美国丹佛,比赛擂台为标志性的八角笼,目的是在开放式规则下为不同武术流派的格斗家提供统一的竞技平台,从而产生终极冠军,原本只准备举办一届的赛事因超高的关注度延续了下来。

27.1996 年亚特兰大残奥会,也是残奥会历史上第一次吸引到世界各地的赞助活动,也使残奥会超越体育比赛的范畴。在残奥会期间,举行了为期四天的第三届残奥会代表大会,8 月 12 日至 16 日,来自世界各地的残疾人运动的领袖,针对与残疾人士相关的政治、经济主题进行了重点讨论。

28.2002 年 2 月 8 日至 24 日在美国犹他州盐湖城举行第十九届冬季奥运会,2002 年盐湖城冬季奥运会的会徽是一枚由黄、橙、蓝三种明亮色彩组成的雪花形结晶和吉祥物雪兔 Powder、北美草原小狼 Copper 和美洲黑熊 Coal。比起上一届的长野冬季奥运会,这届奥运会多出 10 项比赛活动。这是冬季奥运会史上比赛项目最多的一次,同时本届奥运会的参赛选手也创下新高,获得金牌运动员国家达到创纪录的 18 个。

29.2014 年,美国共有 40 个州收入最高的公职人员是大学橄榄球教练。

当阿拉巴马大学主教练尼克·萨邦拿着一年 700 多万美元的工资时,另外的 530 万美元就成了该队助教们的"补偿"。哈佛大学历史上首位带薪的橄榄球教练比当时哈佛工资最高的教授还多 30%。

30. 第 14 届特奥世界夏季运动会于美国西部时间 2015 年 7 月 25 日在洛杉矶纪念体育场正式拉开帷幕。

31. 全国大学体育协会(National Collegiate Athletic Association,NCAA),是由一千多所美国和加拿大大学院校所参与结盟的一个协会。其主要活动是每年举办的各种体育项目联赛,其中最受关注的是上半年的篮球联赛和下半年的橄榄球联赛。

参考文献

一、中文

期刊文章:

[1]崔乐泉.中国体育史研究的历史与现状[J].体育文化导刊,2002(1):39-40.

[2]彭国强,高庆勇,季浏.美国体育对外交往嬗变的历程、特征与启示[J].成都体育学院学报,2022,48(5):117-123.

[3]石洁琦.美国文化和竞技体育热点议题[J].广州体育学院学报,2018,38(6):48-51.

[4]王永盛,王超.美国大学竞技体育强势发展的三大因素解析[J].北京体育大学学报,2017,40(9):1-8.

[5]马廉祯.论近代美国体育对世界体育的影响[J].体育文化导刊,2010(6):152-154.

[6]毋张明.美国体育发展历史的阶段划分及目前所面临的问题[J].体育成人教育学刊,2016,32(1):17-20.

[7]约翰·卢卡斯,农德·斯密斯,杨文霞.早期北美殖民地的宗教与体育[J].体育文史,1992(6):57-59.

[8]张林,李明.国外职业体育俱乐部运行机制的特点[J].上海体育学院学报,2001(1):1-5.

[9]安儒亮.世界发达国家体育俱乐部概况[J].西安体育学院学报,2001(4):25-27.

[10]林靖宁.美国的体育发展现状及对我国的启示[J].体育科技文献通报,2016,24(8):157-158.

[11]王若光.美国早期体育思想发展研究[J].体育科学研究,2010,14(1):44-46.

[12]李佐惠,孙细英.民权运动对美国体育发展的影响[J].体育文化导刊,2008(12):99-102.

[13]宋微.浅析美国文化对美国体育的影响[J].吉林体育学院学报,2007(6):6-7,42.

[14]任波.中美体育产业发展的外部环境比较研究[J].体育文化导刊,2018(2):104-108,132.

[15]许秋红.美国体育发展的特点及启示[J].体育与科学,2012,33(6):67-72.

[16]高庆勇,彭国强,程喜杰.美国体育产业发展经验及启示[J].体育文化导刊,2019(9):84-90,109.

[17]李佩聪.美国大学体育协会第一级别大学体育部门经济行为特征分析[J].山东体育学院学报,2016,32(4):32-38.

[18]荣思嘉,陈国强.美国大学体育联盟研究——以SEC联盟为例[J].体育成人教育学刊,2017,33(4):75-78.

[19]陈琳.美国的大学体育[J].体育科研,2005(4):75.

[20]丁一,姚颂平.美国职业体育俱乐部与城市发展相互关系研究——基于20世纪90年代以来的数据分析[J].成都体育学院学报,2012,38(10):26-30.

[21]刘艳,王家宏,刘洋.亚文化对美国职业篮球发展的影响[J].体育文化导刊,2008(10):112-113,117.

[22]施冰兵.美国职业篮球联盟发展研究[J].当代体育科技,2017,7(32):221-222.

[23]孙峰.美国篮球文化发展的历史追溯[J].哈尔滨体育学院学报,2013,31(6):48-51.

[24]刘璐璐,于少文.美国街头篮球文化研究[J].赤峰学院学报(自然科学版),2017,33(7):175-176.

[25]严恒煜.从 NCAA 看 CUBA 篮球文化符号发展路径[J].湖北体育科技,2014,33(12):1064-1066.

[26]张军.试论美国 NBA 篮球历史文化发展的内涵与特点[J].长春教育学院学报,2012,28(11):87-88.

[27]刘璐璐,于少文.美国街头篮球文化研究[J].赤峰学院学报(自然科学版),2017,33(7):175-176.

[28]MIX TAPE 永不消失的街头篮球[J].NBA 特刊,2017(9):78-83.

[29]美国街头篮球历史[J].人生十六七,2007(12):61.

[30]NBA 街头篮球 2[J].多媒体世界,2003(6):46-48.

[31]杜丛新.美国职业篮球的百年历史及制度变迁:一个纵向的研究[J].广州体育学院学报,2004(3):5-9.

[32]钟丹.美国棒球发展历史研究[J].体育文化导刊,2016(11):189-194.

[33]刘乃宝,刘红.棒球运动与美国文化的价值认同及其对我国的启示[J].体育与科学,2017,38(4):36-41.

[34]尹菲.美日职业棒球联盟互动发展研究[J].体育文化导刊,2014(11):88-91.

[35]陈显明.棒球运动在美国的兴起与发展[J].成都体育学院学报,1991(1):31-35,55.

[36]张世强,张世泽.美国棒球电影发展的文化省思[J].体育与科学,2010,31(1):37-43.

[37]周珂,乔石磊,袁凤生.体育与美国精神的表达——以棒球运动与个人主义的演进为例[J].体育文化导刊,2016(7):192-196.

[38]姜熙,谭小勇.美国职业棒球反垄断豁免制度的历史演进——基于

案例分析[J].天津体育学院学报,2010,25(2):113-117.

[39]张世强,张世泽.美国棒球世界中的族群融合神话与现实[J].体育与科学,2010,31(6):17-26,32.

[40]李鼎.橄榄球起源与美式橄榄球[J].当代体育,1994(9):32-33.

[41]蒋明朗,韩冬,吕和武,朱从庆.美国橄榄球文化特征及启示[J].体育文化导刊,2019(2):34-39.

[42]吴元明.美式橄榄球在美国[J].当代体育,1987(8):44.

[43]李卫平,米靖,李晓明,苗向军.美国国家橄榄球联盟(NFL)的发展进程及启示[J].北京体育大学学报,2006(12):1719-1721.

[44]张樯,张彦可,赵国成.美国国家橄榄球联盟运营机制对我国乒超联赛发展的启示[J].当代体育科技,2016,6(32):189-190.

[45]潘前,王然科.美式橄榄球发展分析[J].体育文化导刊,2013(7):74-77.

[46]林伟.美国大学校际体育比赛的早期发展、争议与改革[J].体育文化导刊,2016(12):187-191.

[47]赵海波.美国青少年冰球运动员培养体系特征与启示[J].冰雪运动,2022,44(1):28-33,41.

[48]汪宇峰.北美职业冰球联盟室外赛发展特征及启示[J].冰雪运动,2021,43(2):15-20.

[49]楼诗予,黄海燕.美国职业冰球联盟的运行机制[J].体育科研,2010,31(3):51-55.

[50]张文雯,金衡山.美国体育与美国梦对美国软实力的影响路径[J].河北体育学院学报,2021,35(6):30-35.

[51]余丽珍,徐岩.美国体育产业政策及其启示[J].江西社会科学,2017,37(12):95-100.

[52]王佳.美国体育文化内涵及对我国的启示[J].体育文化导刊,2017(1):202-206.

[53]黄卓,童艳,周美芳.美国体育文化软实力发展及对中国的启示

[J].西安体育学院学报,2016,33(6):647-651.

[54]胡惕,殷恒婵,张建华,王永顺.论美国大学竞技体育的价值[J].比较教育研究,2016,38(7):106-112.

[55]熊慧.体育文化视角下中美优势竞技体育项目对比分析[J].内江科技,2016,37(6):100-101,114.

[56]彭崴,罗亚娟.美国体育思想的嬗变与启示[J].体育与科学,2015,36(3):45-49.

[57]舒盛芳,沈建华,郑雅来.美国体育软实力的优势、影响及其启示[J].上海体育学院学报,2008,32(6):32-35.

[58]宋微.浅析美国文化对美国体育的影响[J].吉林体育学院学报,2007(6):6-7,42.

[59]许秋红.美国体育发展的特点及启示[J].体育与科学,2012(6):67-72.

[60]龚正伟.美国体育政策的演进[J].上海体育学院学报,2014(1):18-24.

[61]周丽君.基于组织文化视角的美国大学体育文化剖析与启示——以美国耶鲁大学和北爱荷华大学为个案[J].北京体育大学学报,2013(1):103-108.

[62]黄卓.美、英、法、日4国体育文化软实力发展模式及启示[J].武汉体育学院学报,2014(8):46-51.

[63]郝勤.论体育与体育文化[J].上海体育学院学报,2012(3):3-6.

[64]高俊,等.数字融合视角下的体育文化创新[J].体育学刊,2013(2):15-18.

[65]易剑东.中国体育文化建设三题[J].上海体育学院学报,2012(2):2-12.

[66]刘旻航.民俗体育文化价值演进规律研究[J].体育科学,2012(6):85-89.

[67]史友宽.体育文化国际传播的实践考察与理念创新[J].体育科学,

2013(5):13-24.

[68]冯苇.好莱坞体育电影与美国体育文化[J].体育文化导刊,2011(12).

[69]张军,尚志强.美国体育电影的文化透视[J].体育学刊,2009(1):43-45.

[70]白永恒.美国励志体育电影的文化透视[J].电影文学,2013(3):49-50.

[71]张传来,韩梅.谈美国体育电影主题的发展[J].山西师大体育学院学报,2011(2):31-33.

[72]王妍.体育电影对体育传播的影响[J].体育文化导刊,2012(12)146-148.

[73]黄璐,兰健,刘颖,等.论美国励志体育电影风行的意识形态性[J].体育科学研究,2007(3):17-20.

[74]沈圳.美国体育电影演进探析——以"类型电影"为例[J].体育文化导刊,2017(7):196-197.

[75]富冬青.美国文学对"美国梦"的解构及其反思[J].学术交流,2015(5):189-193.

[76]肖沛雄,万文双.中美体育电影中体育精神的和而不同[J].广州体育学院学报,2010,30(2):28-33.

[77]李佑明.徐建纲.美国电影中的文化现象浅析[J].电影文学,2008,463(10):10-11.

[78]李川.体育新闻报道过度娱乐化的问题研究与对策[J].东南传播,2007(9):52-53.

[79]周欣仪.数字时代体育杂志品牌的经营困境与转型——以美国《体育画报》为例[J].新闻研究导刊,2020,11(23):253-254.

[80]徐翼,刘禹,刘洋.美国《体育画报》杂志经营之道[J].出版广角,2013(6):46-47.

[81]张业安.对现代竞技体育成为体育新闻报道主体的原因探究[J].

浙江体育科学,2004,(5):13-15.

[82]成茹.从与传统媒体的比较看提升网络媒体公信力的难点[J].新闻知识,2005(6):39-41.

[83]冯胜刚.体育人文精神的内涵、作用和地位[J].北京体育大学学报,2005,(7):871-873.

[84]常民强,王淑萍.从NBA看美国体育媒介的传播策略[J].渤海大学学报(哲学社会科学版),2006(1):125-128.

[85]孟宪忠,张士伟.解读NBA的国际化与美国文化的全球化[J].中国集体经济2009,(7).

[86]武大洲.NBA的商业化运作策略浅析[J].中国经贸.2008,(11).

[87]沈胡婷,李昕,王青松,等.中美体育交流[J].文明,2016(6):228-233.

[88]丁洁,王岗.解读NBA全球[J].体育文化导刊.2006(4).

[89]徐良台.对当代体育文化及其传播模式的认识[J].文化视野.2008(7).

[90]罗雯,何军.跨文化传播学的发展及研究传统[J].湖北社会科学,2006(4):139-142.

[91]于德法,骆玉峰,朱相欣.美国社会文化环境对NBA的影响研究[J].体育文化导刊.2007(7).

[92]郭李亮.浅析美国体育的发展基因[J].山东体育科技,1996(4):62-65.

[93]刘博轩,王耀东.美国体育电影的历史流变及特征分析[J].当代体育科技,2019,9(11):219-221.

[94]张雷.美国体育励志电影内在文化价值探骊[J].吉林体育学院学报,2018,34(3):36-40.

[95]姜广义.体育电影的发展历程及艺术价值透析——基于美国体育电影研究视角[J].现代交际,2017(8):26-28.

[96]王楚涵.中美体育电影作品比较分析——以《筑梦2008》和《洛奇》

为例[J].新西部(理论版),2015(18):140+137.

[97]李漓,叶新.美国三大综合性体育杂志点评[J].出版参考,2004 (22):33.

[98]王晓东,柯佳.媒介融合时代美国职业体育赛事转播权开发研究 [J].新闻战线,2015(9):87-90.

[99]王晓东.美国职业体育赛事电视转播权开发研究[J].体育文化导 刊,2007(2):70-73.

[100]刘欣然,蒲娟,黄玲,洪晓彬,姚立兵.古希腊城邦体育运动的文化 探析[J].西安体育学院报,2009,26(5):517-521.

[101]刘勇.宗教与体育关系自议[J].中国宗教,2008(5):59-62.

[102]张凯蛟.体育如宗教般迷狂[J].大科技,2008(4):115-117.

[103]付万荣.从体育英语习语探微美国文化价值观[J].作家,2010 (18):149-150.

[104]刘志民.中美英三国体育教师教育价值观取向的比较研究[J].北 京体育大学学报,2000(3):364-366,374.

[105]李晓婷.心灵的忏悔还是金钱的救赎——对《九十五条论纲》第一 条的评价[J].商,2015(50):102,18.

[106]新洋.千年迷局——浅析希伯来文化[J].鸭绿江(下半月),2019 (5):90-93.

[107]理查德·胡克,姚啸宇.论宗教改革的政治后果(下)[J].当代比 较文学,2021(2):179-203.

[108]何涛.加尔文的最佳政体问题[J].政治思想史,2020,11(2):121- 135,199.

[109]许多娇,王文奇.霍布斯鲍姆的民族与民族主义研究:历史变迁、 阶层互动与叙事建构[J].新疆大学学报(哲学·人文社会科学版),2021,49 (2):72-77.

[110]李宛悦.旧约中重复的叙事手法对犹太民族品性之契约观的表述 [J].北华大学学报(社会科学版),2016,17(5):128-131.

[112]刘文龙.19 世纪拉美天主教与美国新教——社会阻力与动力的象征[J].拉丁美洲研究,2000(1):39-45.

[113]胡浩.开普兰的圣经阐释与犹太教神学[J].圣经文学研究,2020(2):110-138.

[114]徐瑾,张家亮.现代西方社会世俗化浪潮的哲学反思[J].决策与信息,2020(5):13-20.

[115]Stephen K. Vogel,赵晓军.市场塑造之美国模式——为什么全球"最自由"的市场经济却最受政府管控? [J].演化与创新经济学评论,2019(1):54-85.

[116]胡惕,殷恒婵,张建华,王永顺.论美国大学竞技体育的价值[J].比较教育研究,2016,38(7):106-112.

[117]杨文萍.浅谈宗教观念的变化对 17 世纪弗吉尼亚体育的影响[J].体育文史,1992(5):60-61.

[118]李波.美国体育文化中男性形象分析[J].现代企业教育,2012(21):266.

[119]何辉斌.基督教的罪及其在悲剧中的表现[J].四川外语学院学报,2006(5):9-12,46.

[120]张文雯,金衡山.美国体育文化中的政治内涵[J].世界文化,2020(6):58-61.

[121]郭佩佩.中美体育电影的比较研究[J].芒种,2015(13):165-166.

[122]刘佳.美国体育电影的主题叙事[J].电影文学,2014(24):26-27.

[123]张国清.现代性、现代主义与后现代主义[J].浙江大学学报(社会科学版),1997(4):11-22.

[124]王炳权.新左派的表现、趋势及应对[J].人民论坛,2019(2):21-23.

[125]蔡激浪.美国青春电影的成长叙事[J].电影文学,2017(12):43-45.

[126]美国体育[J].体育科技文献通报,2004(4):27.

[127]王佳.美国体育文化内涵及对我国的启示[J].体育文化导刊,2017(1):202-206.

[128]兰健.美国体育梦的社会文化溯源及其启示[J].体育文化导刊,2014(6):203-206.

[129]丁辉.论美国社会价值观与体育的契合[J].体育成人教育学刊,2010,26(3):4-5,14.

专著、论文、报告:

[1]燕继荣.政治学十五讲[M].北京:北京大学出版社,2013.

[2]迈克尔·G.罗斯金,等.政治科学[M].林震,等译,北京:中国人民大学出版社,2014.

[3]塞缪尔·亨廷顿.美国国家特性面临的挑战[M].程克雄,译,北京:新华出版社,2005.

[4]丁飞.美国体育史学史研究[D].华东师范大学,2018.

[5]黑格尔.精神哲学——哲学全书第三部分[M].杨祖淘,译.北京:人民出版社,2006.

[6]丹尼尔·贝尔.后工业社会的来临[M].高铦,译.江西:江西人民出版社,2018.

[7]胥欣.符号互动理论下美国大学体育文化的研究及其启示[C]//第十二届全国体育科学大会论文摘要汇编——墙报交流(体育社会科学分会).[出版者不详],2022:472-473.

[8]季传武.顾拜旦奥林匹克思想研究[D].北京体育大学,2005.

[9]赵烜民.美中非营利体育组织比较研究[D].北京体育大学,2011.

[10]吴卅.美国残疾人体育组织研究[D].北京体育大学,2013.

[11]刘小璐.美国高校体育俱乐部运行方式的研究[D].浙江师范大学,2016.

[12]王磊.对美国大学生体育联盟-NCAA管理体制和运行机制的调查研究[D].陕西师范大学,2011.

[13]冯红静,陈波.对美国大学体育的研究[C]//第二十六届全国高校田径科研论文报告会论文专辑.[出版者不详],2016:84-87.

[14]邹媛.美国高校体育文化中的品格教育渗透[D].西南大学,2012.

[15]白福川.美国大学生体育联合会(NCAA)规章制度研究[D].浙江师范大学,2009.

[16]马蕊.美国职业篮球联盟(NBA)发展特征研究[D].北京体育大学,2017.

[17]肖剑.美国四大职业体育联盟产业特征的研究[D].武汉体育学院,2011.

[18]汪宇峰.北美职业冰球联盟室外赛发展特征及启示[C]//第十二届全国体育科学大会论文摘要汇编——专题报告(体育史分会).[出版者不详],2022:78-80.

[19]仓文颉,范凯斌,陈子豪,徐之清.美国冰橇冰球长盛不衰原因及其启示[C]//第十二届全国体育科学大会论文摘要汇编——墙报交流(运动训练分会).[出版者不详],2022:318-320.

[20]汪宇峰.美国冰壶运动发展及启示[C]//第六届中国体育博士高层论坛论文摘要集.[出版者不详],2016:52-53.

[21]郑言.基于国际话语权视角下体育传媒业发展研究[D].成都体育学院,2020.

[22]江洁.中美高校排球制度文化比较研究[D].福建师范大学,2018.

[23]]杭兰平,韩丽云,欧阳南军.体育文化的吸收、融合、演变与发展——美国体育文化对中国体育文化的影响[C]//美国华人人文社科教授协会第二十一届国际会议论文汇编,2015:5.

[24]邹媛.美国高校体育文化中的品格教育渗透[D].西南大学,2012.

[25]王凡.美国篮球运动演绎的文化[D].江西师范大学,2011.

[26]舒盛芳.大国竞技体育崛起及其战略价值研究[D].上海体育学院,2010.

[27]端木义万主编.美国传媒文化[M].北京:北京大学出版社,2001.

[28]叶新,美国杂志的出版与经营.北京:中国传媒大学出版社,2007:79-81,164.

[29]伦纳德·孟格尔.期刊经营[M].朱启文,崔人元,译.石家庄:河北教育出版社,2004.

[30]孙有中等编著.美国文化产业[M].北京:外语教学与研究出版社,2007.

[31]董小川.美国文化概论[M].北京:人民出版社,2006.

[32]陈凤兰等编著.美国期刊理论研究[M].北京:中国传媒大学出版社,2009.

[33]高健.国际媒体的本土化战略体育画报——美国《体育画报》中文版编辑理念研究[D].中国人民大学,2008.

[34]薛中军.中美新闻传媒比较:生态·产业·实务[M].上海:复旦大学出版社,2005.

[35]明安香.美国:超级传媒帝国[M].北京:社会科学文献出版社,2005.

[36]王文洁.中美体育报道的跨文化比较[D].武汉体育学院,2007.

[37]拉里·A.萨默瓦,理查德·E.波特.跨文化传播:第四版[M].闵惠泉、王纬、徐培喜,等译,北京:中国人民大学出版社,2013(9).

[38]宋薇.美国体育电影的发展历程及其主题倾向研究[D].北京体育大学,2008.

[39]兰迪·威廉斯.好莱坞院线——100部好莱坞经典体育电影[M].付平译,北京:中国民主法制出版社,2009:283.

[40]约翰·贝尔顿.美国电影美国文化[M].米静,译.上海:上海人民出版社,2009.

[41]威廉·詹姆斯.实用主义[M].刘宏信,译.北京:商务印书馆,1976.

[42]兰自力.美国职业体育赛事NBA网络传播研究[C]//第四届全国体育产业学术会议文集.[出版者不详],2009:84.

[43]郑佳淇.美国大型体育赛事景观环境研究[D].西安建筑科技大

学,2018.

[44]伊恩·罗伯逊,等.社会学:上下册[M].黄育馥,等译,北京:商务印书馆,1994.

[45]朱世达.当代美国文化与社会[M].北京:中国社会科学出版社,2000.

[46]尤尔根·哈贝马斯.作为"意识形态"的技术与科学[M].郭官义、李黎,译.上海:学林出版社,1999.

[47]张漾鹤.近代中朝本土化基督教思想之比较[D].延边大学,2021.

[48]包大为.从启蒙到解放:马克思主义政治哲学的多元实践研究[M].上海:上海社会科学院出版社,2020.

[49]金衡山,廖炜春,孙超,等.美国大众文化[M].南京:东南大学出版社,2011.

[50]杜文捷.当代美国体育产业现状与发展趋势研究[D].华中师范大学,2009.

[51]李佳莹.论美国个人主义的消极影响[D].四川外国语大学,2015.

[52]赵轩.全球化时代美国文化输出战略研究[D].吉林大学,2014.

[53]吴荣欣.从社会学角度看美国的体育价值观[D].天津理工大学,2008.

二、外文

[1]Mark Dyreson. *Sport History and the History of Sport in North American*[J]. Journal of Sport History,2007(3):405-414.

[2]Yu Takezaki,Yasushi Nagata. *Statistical analysis and prediction in American football*[J]. Total Quality Science,2022,7(2).

[3]*Tackling causes and costs of ED presentation for American football injuries:a population-level study*[J]. Blair J. Smart,Sterling R. Haring,Anthony O. Asemota,John W. Scott,Joseph K. Canner,Besma J. Nejim,Benjamin P. George, Hatim Alsulaim,Thomas D. Kirsch,Eric B. Schneider. American Journal of Emer-

gency Medicine. 2016.

[4]NFL Football：*A History of America's New National Pastime*[J]. Travis Vogan. The International Journal of the History of Sport. 2015(2).

[5]Roland Wolseley. *Understanding Magazines*[M]. Ames：Iowa State University Press. 1965：9-10.

[6]Brad Schultz. *Sports Media：Planning，Production，Reporting*[M]. Burlington：Focal Press，2005：55-64.

[7]Roland Wolseley. *Understanding Magazines*[M]. Ames：Iowa State University Press. 1965：9-10.

[8]Ulrich Sinn. *Olympia：Culture，Sport，and Ancient Festival* [M]. Princeton：Markus Wiener，2000.

后　记

　　时光荏苒,岁月如梭,转眼间已在天津体育学院教书育人近二十个年头。感谢天津体育学院这方沃土为我提供了广阔的平台,让我利用自己的专业所长能从文化的视角去审视体育运动和体育文化的发展。多年来在为体育英语专业学生讲授体育英语知识的同时,也让我从国际化的深度、广度挖掘中外体育文化的内涵。2017年自己有幸成为天津体育学院的硕士生导师,主研方向便是国际体育文化交流,这一切的积淀和积累都为这本书的成形提供了坚实的基础和保障。

　　本书在撰写的过程中得到了天津体育学院文化研究中心的大力资助,特别是杨珍教授鼎力相助,无论从学术研讨还是经验交流等方面均给予我极大的支持和帮助,正是这样优秀的同仁、同事的鞭策才让我完成了这本近二十万字专著的撰写。

　　在写作过程中,我的研究生李莹莹、喻忠明、常心愉、魏丽敏也做了部分资料的收集整理工作,正是这种经常性的学术切磋让我们的师生情谊进一步加深。还要感谢我家人的支持和鼓励,他们的默默付出让我可以专全身心地完成自己的研究成果。

　　从最初的构思到形成书稿,虽仍有不足,但毕竟是几年辛勤劳动的成果,还是感到欣慰和满足的。由于时间仓促和本人的认知水平,书中难免存有瑕疵,敬请专家学者不吝赐教。真心希望自己对美国体育文化的研究能为中国的体育兴国、体育强国之路提供一些借鉴,今后我也会在这个领域继续努力前行。